DIE EROBERUNG DER ANGST

DIE GESAMMELTEN WERKE VON

EUGENE HALLIDAY

Original herausgegeben von David Mahlowe, Verwalter des literarischen Nachlasses von Eugene Halliday

Melchisedec Press

Melchisedec Press

5 Taylor Road, Altrincham, Cheshire WA14 4LR UK
melchisedecpress.net
info@melchisedecpress.net
Herausgegeben in Großbritannien 2017 von Melchisedec Press

Copyright der deutschen Übersetzung © Christian Handschug 2016

Englisches Original von Eugene Halliday
Copyright © Hephzibah Yohannan 2015

Erstmals veröffentlicht 1977-1978 in der Zeitschrift der St. Michael-Kirche,
Lawton Moor, Sale, Manchester GB

Zuerst veröffentlicht in Hardcover 1992 ISBN 978-1-872240-09-1
Herausgeber und Copyright © David Mahlowe

Die Urheberpersönlichkeitsrechte des Autors und Übersetzers werden hiermit geltend gemacht.

Coverdesign und Fotografie © Hephzibah Yohannan

Alle Rechte vorbehalten. Kein Teil dieser Publikation darf ohne die vorherige schriftlich Zustimmung des Herausgebers reproduziert, in einem Retrievalsystem gespeichert oder in irgendeiner Form oder mit irgendwelchen Mitteln übermittelt werden. Noch darf dies Publikation sonst in irgendeiner Form der Bindung oder Abdeckung verbreitet werden, außer in der vorliegenden Form, ohne dem Käufer eine ähnliche Bedingung, einschließlich dieser Bedingung, aufzuerlegen.

ISBN 978-1-872240-35-0 (Hardcover)
ISBN 978-1-872240-36-7 (Taschenbuch)
ISBN 978-1-872240-38-1 (eBook)

Gedruckt und gebunden von IngramSpark
Gesetzt in Baskerville

Siebenter Band

DIE EROBERUNG DER ANGST

Von

Eugene Halliday

Originaltitel

THE CONQUEST OF ANXIETY

Übersetzung ins Deutsche

Christian Handschug

INHALT

Vorwort — i

Erstes Kapitel — 1

Zweites Kapitel — 7

Drittes Kapitel — 13

Viertes Kapitel — 19

Fünftes Kapitel — 25

Sechstes Kapitel — 31

Siebentes Kapitel — 37

Achtes Kapitel — 43

Neuntes Kapitel — 49

Zehntes Kapitel — 55

Elftes Kapitel — 62

Zwölftes Kapitel — 68

Vorwort

Das vorliegende Werk gehört zu einer 15-bändigen Reihe von Büchern Eugene Hallidays, welche wegen ihrer blauen Einbände als die „Blauen Bücher" bekannt sind und die Grundessenz seiner Lehren beinhalten.

Jedes Kapitel dieses Buches wurde zuerst ins Deutsche übertragen und daraufhin von Donald S. Lord auf die Richtigkeit der enthaltenen Ideen und Konzepte überprüft, auf deren korrekte Übersetzung er den höchsten Wert legte.

Dem Charakter der Sprache zufolge haben Wörter, die dem gleichen Gegenstand oder der gleichen Situation zugeordnet sind, in verschiedenen Sprachen auch verschiedene Ursprünge und rufen durch ihre unterschiedlichen Assoziationen verschiedene Ideen ins Bewusstsein, was eine getreue Übersetzung schwierig macht. Betrachten wir die Wörter „Home" und „Heim", so bezeichnen beide auf den ersten Blick ein und dasselbe. Doch das Wort „Home" entspringt dem Sanskrit-Wort „Homa", welches eine Feuerstelle bezeichnet und eher mit einem Ort assoziiert wird, an dem sich Menschen um ein Feuer versammeln. Der Wortstamm des deutschen Wortes „Heim" hingegen deutet auf die Wörter „heimlich" und „geheim", welches mit einem versteckten, sicheren Ort assoziiert wird. So unterscheidet sich die Idee eines deutschen Heimes von der eines englischen, obwohl die Wörter oberflächlich den gleichen Gegenstand beschreiben.

Da jedoch viele Wörter in beiden Sprachen den gleichen oder einen ähnlichen Ursprung teilen, wurde hier, wo auch immer möglich, ein deutsches Wort verwendet, das dem Englischen nahe oder nahezu identisch ist. An manchen Stellen geschah dies auf Kosten des Stiles der Sprache.

Daher ist der Leser gebeten, den etwaigen Mangel an Stil zu vergeben und sich nicht vorrangig auf den Ausdruck, sondern eher auf die enthaltenen Ideen und Konzepte zu konzentrieren, die für den, der sie in sich aufnimmt und anwendet, von höchstem Nutzen auf dem Weg zu einem volleren und glücklicheren Leben und der Erkenntnis der Wahrheit sein werden.

Besonders danken möchte ich dem Linguisten Donald Sinclair Lord, der jedes Kapitel auf die Richtigkeit der darin enthaltenen Ideen überprüfte und ohne dessen Initiative und Zusammenarbeit diese Übersetzung nicht hätte vollendet werden können. Er begegnete Eugene Halliday in seiner frühen Jugend und verbrachte 45 Jahre seines Lebens mit ihm, in denen er dessen Ideen studierte und diskutierte, und, diese in sich aufnehmend und im täglichen Leben anwendend, deren Wahrheit erfahren hat, die der Leitfaden seines Lebens ist.

Erstes Kapitel

Wir werden uns im Folgenden mit einer Herangehensweise an das Problem der Furcht und Angst aus der Sichtweise der in den Lehren Jesu Christi enthaltenen Ideen befassen.

Einige Denker unterscheiden diese beiden innerlichen Zustände, indem sie Furcht als einen Zustand definieren, in welchem ein Lebewesen die Möglichkeit eines rational definierbaren Verlustes oder Schadens erwartet – und zwar entweder in Bezug auf sich selbst oder auf etwas, an dem es interessiert ist. Zum Beispiel würde eine Mutter, die ihr Kind zur Schule fährt und in eine Unfallsituation gerät, Furcht um ihre Sicherheit sowie um die ihres Kindes empfinden, um welches sie natürlicherweise besorgt ist. Im Gegensatz zur rational definierten Furcht ist die Angst als ein Zustand definiert, in dem ein Lebewesen einen Verlust oder Schaden erwartet, jedoch ohne die Natur dieser Möglichkeit rational definieren zu können.

Andere Denker unterscheiden zwischen zwei Arten von Angst, einer spezifischen Angst, bei der man einen bekannten und definierten Schaden erwartet, und einer allgemeinen Angst, bei welcher ein Gefühl der Vorahnung oder Erwartung eines Schadens nicht von einer klaren Idee der Ursache oder Natur dieses Schadens begleitet wird.

Es ist hilfreich, zwischen zwei Arten der Erwartung eines Schadens zu unterscheiden: Die eine ist in ihrem Wesen klar definierbar, die andere ist es nicht. Ein Beispiel für die klar definierbare Art des Schadens wäre etwa, wenn jemandem ein schwerer Gegenstand auf den Fuß fiele. Ein Beispiel für undefinierbaren Schaden wäre, wenn sich eine Person im Dunkeln durch unbekanntes Gelände bewegte, in dem keine Idee eines eventuell zu erleidenden Schadens vorhanden ist.

Einige Psychologen glauben, dass es schwierig oder sogar unmöglich ist, einen Angstzustand zu beheben, der in seiner Gestalt undefiniert bleibt. Kann jedoch die Ursache der Angst lokalisiert und definiert werden, so wird diese in eine *objektive* Furcht verwandelt – eine Furcht vor einem definierten Objekt, Geschehen oder einer

Situation. Die Lokalisierung und Definition der Ursache der Angst wird dann als Teil des Prozesses der Psychotherapie betrachtet, unabhängig von der Art der Therapie.

Wenn wir das Verhalten von Lebewesen, Tier oder Mensch, sorgfältig beobachten, gelangen wir bald zu der Überzeugung, dass die eine oder andere Form der Angst stets zu einem gewissen Grad gegenwärtig ist. Überall sehen wir Tiere und Menschen dazu bereit, ausweichend zu handeln, wenn die Möglichkeit eines Schadens, Verlustes oder Widerstandes besteht. Diese Bereitschaft weist auf die auf einer gewissen Ebene anwesende Erwartung eines möglichen Schadens hin – und die damit verbundene Angst.

Würden wir den Menschen nur als ein Tier betrachten, wenn auch von erheblicher Komplexität, und ein Tier nur als eine Form von materiellem Organismus ohne spirituelle Bedeutung, so würden wir schlussfolgern müssen, dass der Zustand der Angst nichts weiter als eine Erscheinungsform der Reaktion eines materiellen Organismus auf bestimmte äußere Umstände oder Stimuli ist. Dies ist die unter Materialisten übliche Ansicht.

Aber nicht alle sind Materialisten. Sogar im zwanzigsten Jahrhundert, in dem so großer Wert auf die Erfolge materialistischer Wissenschaften gelegt wird, gibt es noch Millionen von Menschen, die sich nicht nur als einen materiellen Organismus betrachten, sondern als spirituelle Wesen, obgleich in der Hülle physischer Körper inkarniert.

Für diejenigen, die an sich als ein grundsätzlich spirituelles Wesen glauben, erhält das Problem der Furcht und Angst einen anderen Aspekt. Der Zustand der Angst kann nicht mehr lediglich als Reaktion eines materiellen Organismus auf eine materielle, situationsabhängige Stimulation betrachtet werden, sondern wird vielmehr als spirituelles, psychologisches Problem angesehen.

Ein Materialist, der glaubt, nichts anderes als nur eine Gruppierung materieller Teilchen, Atome, Moleküle usw. zu sein, hat infolge seiner Anschauung keine psychologischen und spirituellen Probleme, da er keine Seele oder keinen göttlichen Geist („Spirit") hat. Daher kann ein Materialist nicht auf logische Weise um seine Beziehung zum Unendlichen, zum Ewigen, zur Seele, zu Spirit oder Gott besorgt oder beängstigt sein. Ein Materialist ist aus seiner eigenen

Sicht lediglich ein temporäres Wesen, eine Gruppierung materieller Teilchen, zusammengesetzt bei der Empfängnis und bestimmt für die Auflösung im Tod. Er gleicht einer bewusstlosen Puppe; manipuliert von rein materiellen Kräften „stolziert" er für eine Weile „seine ein bis zwei Stündchen auf der Bühne" dieser Welt – nur um letztendlich zu zerfallen und seine Teilchen im Raum zu zerstreuen, die sich nach einiger Zeit mit anderen mischen oder auch nicht. Sein Werden und Vergehen haben keine grundlegende Bedeutung. Seiner eigenen Ansicht nach könnte er ebenso gut niemals existiert haben.

Ein Mensch jedoch, der sich als spirituelles Wesen in einem beseelten physischen Körper betrachtet, hat sehr guten Grund, ängstlich zu sein; er hat seine Beziehung zu Gott zu erwägen. Seine Existenz in der Zeit ist nicht seine einzige Existenz. Er ist auch ein *Bewohner der Ewigkeit*. Er muss nicht nur sein materielles, physisches Wohlergehen bedenken, es stellt sich ihm auch das Problem der Beziehung seiner Seele zum göttlichen Geist („divine Spirit") – ein Problem von unendlicher Wichtigkeit.

Verlassen wir nun den naiven Materialisten, um ihn die Ergebnisse seines gewählten Standpunktes erfahren zu lassen, und konzentrieren uns stattdessen auf die Position derer, die glauben, dass wir nicht nur eine Anhäufung materieller Teilchen sind, sondern spirituelle Wesen, die für eine Weile der Erfahrung der Gefahren des Lebens in einem physischen Körper bedürfen, um eine bestimmte Entwicklung zu erreichen.

Ein menschliches Wesen ist eine besondere Art von Wesen: ein Wesen, das sich durch *seine Fähigkeit, sich mit dem Problem seines eigenen Ursprunges zu befassen,* von anderen Lebewesen unterscheidet. Wir finden kein anderes lebendiges Wesen, das die Ursache des Universums und den Ursprung des Lebens erforscht und Bücher darüber schreibt.

Tiere verbringen ihr Leben mit dem Kampf ums Überleben, der Suche nach Nahrung, dem Drang, sich zu reproduzieren, und sind durch Vergnügen und Schmerz so konditioniert, in einer gewissen, genau definierten Weise zu handeln. Sie zeigen keine Anzeichen der Sorge über ihren Ursprung, sind aber stets daran interessiert, wie sie ihr

Leben auf der Erde oder in ihrer natürlichen, materiellen Umgebung so lange als möglich fortführen können.

Menschen spiritueller Geisteshaltung hingegen sind um ihren Ursprung und ihr endgültiges Ziel besorgt, dem Alpha und Omega ihres Wesens. Diese Besorgnis ist eine Art von Angst und birgt die Erwartung möglichen Scheiterns bei der Erlangung dieses Zieles. Werfen wir einen Blick auf den gegenwärtigen Zustand der meisten Menschen, welcher sich in der allgemeinen Weltlage widerspiegelt. Jeder neue Tagesbericht bringt uns neue Informationen über neue Gewalttaten, neue Militäraktionen, neue politische Machtübernahmen. Die täglichen Nachrichten liefern uns keine Beispiele für neue Harmonien oder ein unbeeinträchtigtes, universelles Willkommen auf dieser Welt. Diese Tatsache zeigt, dass die Menschheit krank ist.

Für den Materialisten ist diese Krankheit nur eine Unordnung materieller Teilchen, dem Menschen spiritueller Geisteshaltung bietet sich jedoch eine andere Erklärung für die missliche Lage der Weltbevölkerung. Die Menschheit hat ihr wertvollstes Geschenk, das Geschenk der Freiheit, das ihr vom Göttlichen Geist („Spirit") gegeben wurde, missbraucht.

Dieser Missbrauch ist die häufigste Ursache menschlicher Angst. Die Freiheit des Menschen schließt seine Verantwortlichkeit ein. Ein Materialist kann diese Verantwortlichkeit mit der Begründung ablehnen, er sei nur eine Ansammlung materieller Teilchen, strukturiert und getrieben durch zufällige Kollisionen mit anderen Ansammlungen, worüber er keine Kontrolle hat. Dieses Ablehnen persönlicher Verantwortlichkeit ist der häufigste Grund eines Materialisten, ein *Materialist zu sein*. Der reine Materialist, aus seiner eigenen Sicht, *kann nicht* für seine Handlungen verantwortlich sein, da er die Freiheit nicht als Teil seiner selbst betrachtet, somit hat er keine moralische oder ethische Natur, die verantwortlich gemacht werden kann. Anders verhält es sich jedoch für den Menschen spiritueller Geisteshaltung.

Der göttliche Geist („Spirit") impliziert die Freiheit der Wahl, und die Freiheit der Wahl bedingt Selbstverantwortlichkeit. Doch für den Menschen, der das Geschenk der Freiheit besitzt, besteht Gefahr, denn er lebt in einer Welt, in der nicht jeder die Freiheit respektiert. Als Herod hörte, dass der König der Freiheit geboren werde, befahl er sofort die Tötung aller Kinder in dem Gebiet, in welchem dieser König ins Leben treten sollte. Jesus erste Erfahrung auf dieser Welt war ein Angriff auf Sein Leben. Und Herod war nicht der einzige Hasser menschlicher Freiheit.

Heute sehen wir, dass überall auf der Welt eine Schlacht geschlagen wird. Eine Armee nutzt physische Kraft, um Freiheit zu unterdrücken, wo immer sie kann. Die andere nutzt das

„Schwert des Mundes", die ausgesprochene Wahrheit, um sich zu verteidigen. Die Waffen dieser Welt sind die Waffen der Gewalt, die Waffen der Welt des Spirits sind einfache Wahrheiten, einfach ausgesprochen. Hierin liegt Grund für menschliche Besorgnis, eine Situation, in der Angst unausweichlich ist, *bis wir die Höhen des Göttlichen Geistes („Spirits") erklommen haben.*

Der spirituelle Mensch ist auf viele Weise in Gefahr, am meisten aber ist er heutzutage gefährdet, den Glauben an die Freiheit seiner Wahl zu verlieren. Er ist umgeben von Organisationen, welche die Idee der Freiheit unterdrücken. Zu diesen Feinden der Freiheit gehören nicht zuletzt die Gruppen von Denkern, die glauben, dass Freiheit ein Mythos ist, dass menschliche Wesen nur komplexe Maschinen sind, dass die Wahl nur ein illusorisches Produkt des Gehirns ist, welches selbst nur eine Maschine ist und nicht anders kann, als neben anderen Produkten fehlerhafte Gedanken auszuwerfen, zu denen auch die Idee der Freiheit gezählt wird.

Aber es sind nicht nur externe Organisationen und Gruppen, die Feinde der Freiheit sind. Es gibt auch innere Feinde, von denen zwei ganz vorne stehen: der Vorzug von Vergnügen vor Schmerz, und die Trägheit.

Die Trägheit wird als die Neigung definiert, eine jegliche Handlung so lange fortzusetzen, bis diese von einer externen Kraft beeinflusst wird, welche den Handlungsmodus ändern kann.

Alle starren Handlungsmuster fallen unter diese Kategorie der Trägheit, und jeder von uns weiß, wie schwierig es ist, mit lange bestehenden Gewohnheiten zu brechen.

Der Vorzug von Vergnügen vor Schmerz scheint auf den ersten Blick eine gute Sache zu sein, betrachten wir dies jedoch etwas näher, erkennen wir, dass dieser Vorzug unter Umständen verhängnisvoll sein kann. Jeder Fisch, der mit einem Köder gefangen wurde, in dem der Haken versteckt war, dient als Lehrstück. Die Welt ist voller „Hakensituationen", sorgfältig durch Köder verschiedener Art verborgen. Hierin liegt ein weiterer Grund für die Angst. Uns werden Dinge in attraktiven Verpackungen angeboten, welche sich ausgepackt als nutzlos erweisen und uns manchmal schaden können.

Der Schmerz selbst oder die Androhung von Schmerz ist womöglich lediglich ein Weg zur Einschüchterung gedankenloser Personen. In der altertümlichen Welt wurden von Hand gehauene Figuren von Monstern an den Stadttoren aufgestellt oder an den Eingängen von Gräbern, die mit wertvollen Gegenständen wie Gold und Juwelen gefüllt waren. Diese Monster erweckten Furcht in den Gemütern unaufgeklärter Betrachter und sicherten so die Grabschätze. Einige dieser Monster, die unsere Vorfahren sahen, hinterließen Spuren oder Einprägungen in unseren Gemütern, die immer noch stark genug sind, um einige unserer Träume mit Angst und Schrecken zu erfüllen.

Wenn wir aber die Angst überwinden wollen, müssen wir unsere Ideen von Vergnügen und Schmerz und deren Bedeutung in der jeweiligen Situation neu bewerten.

Wir müssen zu unterscheiden lernen zwischen „Haken"-Situationen, die in Vergnügen versprechenden Ködern verborgen liegen, und Situationen, in denen wirkliches Glück möglich ist. Und wir müssen den Unterschied lernen zwischen falschen Monstern aus Stein oder fabrizierten ängstigenden Ideen und wirklich gefährlichen Wesen, die die Kraft haben, uns wirklichen Schaden zuzufügen. „Und fürchtet euch nicht vor denen, die den Leib töten und die Seele nicht mögen töten. Fürchtet euch aber vielmehr vor dem, der Leib und Seele verderben mag in die Hölle."

Wir wissen, wie der physische Körper verletzt werden kann; seine Knochen können gebrochen werden, seine Gewebe und Organe können Schnitte, Quetschungen oder Schläge erleiden; er kann vergiftet werden usw. Wie kann man der Seele schaden?

Zweites Kapitel

Eine Seele kann durch die Zerstörung ihres Glaubens an ihre eigene Spiritualität geschädigt werden, denn diese Spiritualität ist ihre Freiheit. Das Vertrauen einer Seele in ihren spirituellen Ursprung zu unterminieren, heißt, die gesamte Bedeutung ihrer Existenz in Zweifel zu stellen. Jede Idee, die einmal in den menschlichen Verstand eingegeben den Glauben der Seele an ihre eigene Ewigkeit, ihren göttlichen Ursprung, zerstören kann, sät in diese Seele die unvorteilhafteste aller Ängste und Befürchtungen – die Furcht, dass womöglich Gott und Wahrheit und Ewiges Leben und Universelle Liebe nur Fiktionen eines schlecht zusammengesetzten mechanischen Gehirns sind, das selbst nichts als eine zufällig in zeitweise Beziehung getretene Ansammlung atomarer Teilchen ist, vernunftlos und zur Auflösung an einem gewissen Punkt in Zeit und Raum bestimmt.

Materialisten machen seit jeher viel Aufhebens um das Zitat des bekannten Philosophen Friedrich Nietzsche „Gott ist tot". Wenig ist jedoch über den Lebensprozess und die Erfahrungen gesagt worden, durch welche der große Philosoph zur Formulierung dieses kurzen Satzes kam, dessen Bedeutung, wenn gründlichst verstanden, jenen, die diese akzeptieren, die schwerste Last aufbürdet.

Denn, wie Nietzsche sagte: „Wenn Gott tot ist, so muss der Mensch an seine Stelle treten." Derjenige, der glaubt, dass Gott tot ist oder nicht existiert, bringt sich in die Position, für sich selbst ein Leben entwerfen zu müssen, das es wert ist, gelebt zu werden. Wenn Gott nicht wäre, müsste der Mensch selbst sein Leben bedeutungsvoll machen und in einer Weise leben, die es ihm ermöglichen würde, vor den Spiegel seines Geistes zu treten und zu sich selbst zu sagen: „Gott ist tot oder existiert nicht, aber ich existiere, also steht alles gut für die Welt." Ein solcher Mensch wäre eine äußerst unerreichbare Rarität, ein eingebildeter Narr oder ein Verrückter.

Nietzsche selbst war am Ende seines Lebens ein geistig gebrochener Mann, dessen mentales Gleichgewicht zerstört war – dies allerdings nicht durch Eitelkeit oder unintelligenten Stolz. Sehr wohl sah er das kolossale Ausmaß seiner Aussage und war tief zerrissen durch deren Konsequenz für die Menschheit. Als junger Mann von zwanzig Jahren dankte er Gott für dessen Behütung in den frühen Jahren seines Lebens. Er sagte: „Ihm, dem ich das Meiste verdanke, bringe ich die Erstlinge meines Dankes; was kann ich ihm anderes opfern als die warme Empfindung meines Herzens, das lebhafter als je seine Liebe wahrnimmt, seine Liebe, die mich diese schönste Stunde meines Daseins erleben ließ. Behüte er mich auch fernerhin, der treue Gott!"

Aber Nietzsche, der in einer protestantischen Familie des 19. Jahrhunderts erzogen worden war, glaubte an eine „perfekte Harmonie zwischen religiösem Glauben und einer völlig unabhängigen Wissenschaft", sodass er ohne Furcht nach der „Wahrheit" suchen konnte. An diesem Glauben festhaltend, konnte der werdende junge Philosoph die Liebe zur Wahrheit als das Leitprinzip seines gesamten Lebens akzeptieren. Zu jener Zeit konnte er deutlich die Richtung erkennen, in die ihn die Liebe zur *wissenschaftlichen* Wahrheit führen würde.

Allmählich verließ ihn jedoch der Glaube an die Harmonie zwischen Religion und Wissenschaft. Nach seiner Konfirmation im Jahre 1862 begann er darüber nachzudenken „sich in das Meer des Zweifels hinauszuwagen", und aus dieser Zeit stammte sein Glaube, dass das Christentum nur auf Annahmen beruhe.

Nachdem sich der junge Denker einmal für den Kurs des Zweifels entschieden hatte, sah er sich mit der Idee konfrontiert, welche letztendlich zu seinem Zusammenbruch führte. „O, niederreißen ist leicht, aber aufbauen!", schrieb er.

Das zweifelnde Gemüt besitzt keine wahre Einheit. Als er nun seinen Glauben an Gott als auf bloße Annahmen beruhend betrachtete, sah er sich vor dem Problem, was an Gottes Stelle zu setzten sei. Nietzsches Antwort war unglaublich mutig; der Mensch selbst musste an Gottes Stelle treten. Jedoch erwies sich die Bürde dieser couragierten Lösung als zu schwer für seinen empfindlichen Körper und seine feine Seele.

Um seine körperliche und mentale Gesundheit und die Einheit seines Geistes zu erhalten, muss der Mensch einen unerschütterlichen zentralen Glauben besitzen. Er muss eine Idee haben, die unerschütterlich ist. Mit dieser Idee gewappnet, kann er der Realität gegenübertreten und sein Leben leben, ohne im Meer der Angst zu versinken, welches ihn zu verschlingen droht. Was ist diese unerschütterliche Idee?

Christus gibt uns die Idee, indem er uns dazu auffordert, zu beten „Vater unser im Himmel ...". Das Wort „Vater" bedeutet „Erzeugungskraft". Das gesamte Universum ist eine Manifestation der Kraft, ein Ausdruck unzerstörbarer Energie, welche in ihrer ureigenen Natur niemals aufhört, zu sein. Energie mag ihre Form ändern, kann selbst aber nie ausgelöscht oder zerstört werden.

Alles im Universum, unser eigenes Wesen eingeschlossen, ist ein Ausdruck der Kraft, ein Spiel der Energie, welche unzählige Formen annimmt; Minerale, Pflanzen, Tiere, Menschen und Übermenschen. Diese Kraft ist unendlich und unzerstörbar, und in mysteriöser Weise auch intelligent. Alles, was in unserem Sinne intelligent ist, ist nichts anderes als eine Aktivität dieser Kraft. Wenn wir nachdenken, ist es diese Kraft, die in uns denkt. Wenn wir lieben, ist es diese Kraft, die in uns liebt. Voll und ganz zu begreifen, dass dies so sein *muss*, ist der erste Schritt zur Eroberung der Angst.

Wenn die unendliche Kraft, die die Quelle des Universums ist, intelligent, fühlend und fähig zur Liebe ist, was ist dann der Ursprung von Angst und Furcht?

Diese Kraft, welche Jesus „Vater unser" nennt, hat einen Willen zur Manifestation und einen Plan. Innerhalb dieses gewollten Planes ist ein Platz für die Menschheit, ein Platz für jede individuelle menschliche Seele. Um diesen Plan auszuführen, hat Gott, Unser Vater, unsere Erzeugungskraft, für jeden einzelnen von uns und für den Willen jeder einzelnen Seele die Freiheit gewollt.

Aber Freiheit bringt einen gewissen Grad an Getrenntheit mit sich. Wir können nicht frei sein, individuell zu wollen, ohne dass uns irgendein Raum gegeben wird, in dem wir uns bewegen können. Um uns diesen Raum zu geben, müssen unsere Seelen voneinander getrennt sein, in eine Art separaten Behälter platziert sein. Diese

Behälter nennen wir unsere „Körper". Indem Gott, unsere Erzeugungskraft, unsere Seelen in getrennte Körper eingehaucht hat, gab Er uns die Möglichkeit, uns frei im Raum zu bewegen.

In einen Behälter, unsere Körper, gefasst zu sein, bringt eine gewisse Logik mit sich. Ein Körper hat ein Inneres, begrenzt durch die einhüllende Haut, außerhalb welcher ein Raum ist, in dem andere Körper existieren und sich bewegen können. Ohne eine solche Haut oder Hülle würden „Körper" nicht existieren. Mit dieser abgrenzenden Haut können Körper in Getrenntheit voneinander existieren. Dank der Grenze ihrer Haut können Körper sich im Raum bewegen, einander berühren, zusammenstoßen, einander schlagen. Diese schlichte Tatsache, dass getrennte Körper im Raum existieren und sich sanft oder brutal berühren oder sich im Raum auflösen können, so wie ein toter Körper nach dem Tode verwest, ist der Ursprung all unserer Angst und Furcht.

Wenn wir darüber nachdenken, was unserem Körper widerfahren könnte, lässt sich das unter zwei einfachen Punkten zusammenfassen; unser Körper könnte durch eine Handlung von außen oder innen geschädigt werden, oder unser Körper könnte sich im Raum auflösen, zerfallen und verschwinden.

Schaden kann von außen kommen, entweder in Form von Gewalt, oder durch das Eindringen von krankheitserregenden Keimen, Bakterien oder Viren, die durch einen Riss in der Haut Zugang finden oder in der Luft, die wir atmen, in den Flüssigkeiten, die wir trinken oder in den Nahrungsmitteln, die wir essen, enthalten sind. Schaden kann auch durch das Versagen unserer inneren Prozesse entstehen, durch die Entwicklung fehlerhafter Funktionen, die Krankheit von innen heraus verursachen. All diese Möglichkeiten können Angst und Furcht verursachen. Doch auch die zweite Möglichkeit, dass sich unsere Körper auflösen, verwesen, zerfallen und verschwinden könnten, kann Angst verursachen – und nicht nur, weil wir in einem solchen Falle „tot" wären. Es gibt eine andere, bedeutendere Ursache für diese Angst.

Wenn die Seele in die Inkarnation, in ihren Körper eintritt, dient dieser Körper als ein wichtiges Bezugszentrum für die Seele. Ohne einen Körper, auf den sie ihre Aufmerksamkeit richtet, ist die Seele, bis sie ihre Bildung vollendet hat, sehr unstabil, sehr unsicher.

Diese Tatsache ist eine der Implikationen der Inkarnation Christi, der freiwilligen Verkörperung Göttlicher Kraft in Materie, in einem materiellen Körper auf Erden.

Stellen wir uns den Zustand einer Seele vor, die nicht auf einen Körper fixiert ist. Wir besitzen eine gewisse Vorstellung davon durch unsere Erfahrungen während des Schlafes, wenn wir träumen. In einem schlechten Traum scheint nichts sicher, stabil, gewiss zu sein. Die Bilder, die durch unseren Geist schweben, haben nicht dieselben scharfen Konturen wie die physischen Körper, die wir im Wachzustand sehen. Sie sind oft verschwommen, unscharf, veränderlich, verwirrend und in gewisser Weise mit Gefühlen und Emotionen gefärbt. Sie können Angst mit sich bringen; diese manifestiert sich als eine Art von Aura oder ein dünner filmähnlicher Stoff, in den die Bilder gehüllt sind, oder eine feine, den Traum selbst durchdringende Energie.

Dieser Traumzustand, in den die Seele während des Schlafes eintritt, gibt uns ein gutes Beispiel für den Zustand der Seele, die nicht fest auf einen Körper fixiert ist. Aber solange wir leben, können wir nach dem Traum, beim Aufwachen, in die Sicherheit unseres physischen Körpers und die augenscheinliche Stabilität der materiellen Welt zurückkehren.

Lasst uns nun akzeptieren, dass die Seele in sich selbst unzerstörbar ist, dass sie ein Teil des Göttlichen Geistes („Spirits") ist, und somit ewig. Wie wäre ihr Zustand, wenn ihr der Körper, auf den sie sich zum Zwecke der Selbstvergewisserung und Selbststabilisierung beziehen kann, völlig entzogen würde? Ihr Zustand würde dem des Traumzustandes ähneln, jedoch ohne die Möglichkeit, zur Sicherheit eines physischen Körpers zurückzukehren. Eine solche Seele würde etwas erleben, was wir *primäre Angst* oder *Ursprungsangst* nennen.

Diese Ursprungsangst ist die Angst, die die Seele empfindet, wenn sie beginnt zu glauben, in diesem Schwebezustand verbleiben zu müssen, ohne die Möglichkeit, eine lohnenswerte Inkarnation oder Verkörperung zu erreichen. Wir müssen beachten, dass hier zwei Arten von Angst auftreten; Angst, die die Seele empfindet, wenn sie fühlt, dass sie keine Inkarnation erlangen kann; und Angst, dass im Falle einer Verkörperung, der Körper, in den sie eintritt, in einer gewissen Weise der falsche, unpassende für die Absicht der Seele sei.

Im ersten Fall, wenn die Seele fühlt, niemals einen Körper erlangen zu können, in dem sie inkarnieren könnte, empfindet sie unerträgliche Verzweiflung; denn sie fühlt, dass sie sich auf eine Weise entwickeln und das volle Potential ihres Wesens realisieren könnte, wenn sie nur einen Körper erhalten könnte. Aber sie fühlt auch, dass der Erhalt des nötigen Körpers unmöglich ist. Die Erfahrung dieser beiden Ideen ist durch eine Disparität geprägt, welche psychologisch als Verzweiflung empfunden wird.

Im zweiten Fall fürchtet die Seele, dass, falls sie in der Lage sein sollte, in einen Körper einzutreten, sich dieser Körper als unpassend für ihre Entwicklung herausstellen könnte, dass es sich um einen Körper handeln könnte, in dem, würde sie ihre ganze Lebenszeit in diesem verbringen, die Seele eine schreckliche Frustration ihres Willens erdulden würde – eine Frustration, welche sie während ihres gesamten Erdenlebens ertragen müsste, bis der Tod sie erlöste. Wiederum würde die Disparität dieser zwei Möglichkeiten das Gefühl von Verzweiflung erzeugen.

Der Ausweg aus beiden genannten Arten der Verzweiflung besteht in der Findung eines Bezugszentrums für die Seele, welches nicht bloß physisch, nicht bloß materiell ist. Der Schlüssel dafür liegt in den Worten „Christi mein Anker" ausgedrückt. Bevor wir dies jedoch näher untersuchen, werden wir uns zunächst mit dem Zustand befassen, der die Seele in die Lage versetzt, diese Worte zu verstehen, sich deren Bedeutung anzueignen und Vorteil aus ihnen zu ziehen.

Drittes
Kapitel

Dem aufmerksamen Auge zeigt die menschliche Seele überall ihren ängstlichen Zustand, egal wie sorgfältig sie auch versucht, es zu verhehlen. Die gesamte Menschheit schwimmt oder ertrinkt in einem riesigen Meer der Angst. Die Existenz von Versicherungsunternehmen, die Schutz gegen die meisten Gefahren des Lebens anbieten, geben Zeugnis davon, und überall sehen wir weitere Zeugnisse des ängstlichen Zustandes der Menschheit. Es werden unzählige Methoden zur Ablenkung unserer Aufmerksamkeit von diesem Zustand geboten, etwa durch Unterhaltung, in Form von Fernsehen, Radio und Theater, oder durch Sport, Urlaub usw. Überall wird uns eine Fluchtmöglichkeit vor dem Gewahrsein der realen menschlichen Situation angeboten.

Wir sind in den großen Ozean der Angst gefallen. Wie wir hineinfielen, ist in der Genesis beschrieben. Wir fielen mit dem Ungehorsam unserer ersten Vorfahren gegenüber dem Gebot Gottes: „Esst nicht von der Frucht des Baumes vom Wissen von Gut und Böse". Unsere ersten Vorfahren aßen von dieser Frucht und fielen. Wir essen die Früchte ihrer Verfehlung, um zu verstehen, warum Gott dieses mysteriöse Gebot gab.

Das Verständnis des Menschen ist durch seine Sinneseindrücke und durch die Überlegungen, die er auf diese gründet, begrenzt. Er ist nicht dafür ausgestattet, zu wissen, was seinem letztlichen Wohlergehen zuträglich ist. Er kann nicht sagen, was letztlich gut oder schlecht für ihn sein wird. Bisher neigte er dazu, Schmerz als das Böse und Vergnügen als das Gute zu betrachten. Wir haben gesehen, dass ein Köder einen Haken verbergen kann, dass ein furchterregendes Monster, das einen versteckten Schatz bewacht, möglicherweise nur eine leblose Steinfigur ist. Wir müssen erkennen, dass unser Leben auf etwas anderes gegründet werden muss als das Verlangen nach Vergnügen und das Vermeiden von Schmerz. Wir brauchen das Vertrauen, dass Gott ein Ziel für uns hat, welches erfordern mag, für eine gewisse Zeit unangenehmen Tatsachen gegenüberzutreten und auf Situationen zu verzichten, die Vergnügen zu versprechen scheinen.

Es ist eine Tatsache, dass die Jagd nach Vergnügen und der Versuch, Schmerz zu vermeiden, oft als Misserfolg enden, und wo ein gewisser Erfolg erreicht wurde, dieser selten vollständig ist. Wenn er doch vollständig ist, so folgt der Errungenschaft oft ein Verlust. Sogar wenn wir permanentes Vergnügen und permanente Freiheit von Schmerz garantieren könnten, würden wir nicht notwendigerweise an Tiefe der Seele oder Charakter gewinnen. Ein Leben, das lediglich mit Vergnügen gefüllt ist, stärkt nicht das Verlangen nach Selbstkontrolle und Selbstverantwortung. Gänzliche Freiheit von Schmerz kann leicht zu Gedankenlosigkeit und dem Verlust des Gewahrseins höherer menschlicher Werte führen. Das kleine Kind, das unaufmerksam durch das Gras rennt, könnte gegen einen im Gras versteckten Stein stoßen und dadurch plötzlich zu Selbstgewahrsein gebracht werden.

Dieses Selbstgewahrsein, erstlich durch Schmerz erzeugt, könnte der Beginn einer Generation von Individuen mit einzigartigen Eigenschaften sein – Früchte von Gedanken, die, wenn nicht durch Schmerz, vielleicht niemals entstanden wären. Vergnügen neigt uns zu deindividualisieren. Schmerz macht uns selbstgewahr.

Vor Gottes erstem Schöpfungsakt war die Energie, die jetzt unser Wesen bildet, in einem unkreierten Zustand; sie hatte kein festes Zentrum und keinen deutlich markierten Umkreis. Sie war nicht wahrhaftig individualisiert; sie kannte sich nicht reflexiv als das, was sie war. Heute haben die meisten Menschen einen gewissen Grad an Selbstkenntnis und reflektivem Bewusstsein, da die Vorfahren der Menschheit in einer Weise *gelitten* haben, die sie zu Selbstgewahrsein gebracht hat. Die Juden sind ein sehr individualisiertes Volk, da sie Jahrhunderte unter Verfolgung und schmerzvoller Enteignung gelitten haben.

Dies sind die Bedingungen, welche sich die Seele gewahr machen muss, bevor sie die Bedeutung der Worte „Christi mein Anker" verstehen kann. Die Menschheit hat den Prinzipien des Lebens, die der Herr des Universums niederlegte, nicht gehorcht. Als Ergebnis dieses Ungehorsams stürzte sie tiefer und tiefer in Verirrung. Sie hat den Dienst an der Wahrheit und die Freiheit des Willens verdrängt, indem sie sich an Lügen und Anhaftungen versklavte und der Jagd nach Vergnügen und der Vermeidung von Schmerz anheimgab. Als Konsequenz dieses sich vertiefenden Irrens wurde der Mensch mehr und mehr zum Diener der äußeren Welt und der sich darin befindenden Dinge. Er verlor das Gewahrsein seiner persönlichen Freiheit und damit den Glauben an die Realität seiner eigenen Seele.

Eine Menge von Menschen haben heutzutage das Vertrauen in den Wert ihres eigenen Wesens verloren. Sie haben die Theorien mechanistischer Verhaltensforscher als Wahrheit akzeptiert. Sie betrachten sich selbst, wie es die Materialisten von ihnen wünschen, als Maschinen, die von Kalorien mit Energie versorgt werden, genau wie Autos, die von Benzin mit Energie versorgt werden. Nicht länger suchen sie hinter den äußeren Dingen der materiellen Welt ihr Heil. Sie wägen sich nahezu erlöst, wenn sie ihr eigenes Haus besitzen und das Darlehen nicht zu hoch ist, einen Kühlschrank, eine Geschirrspülmaschine und ein respektables Auto; *nahezu* erlöst, doch nicht ganz. Denn in ihrem Gemüt herrscht Unruhe; nicht klar als solche definiert, aber doch vorhanden, stört sie am Tage die Tiefe ihres Gemütes, in der Nacht die Stille ihrer Seele.

Warum fühlen sie sich *nahezu* erlöst, diese hausbesitzenden, autofahrenden Menschen? Weil das Besitzen materieller Güter nicht das letztendliche Ziel der menschlichen Existenz ist. Materielle Besitztümer haben ihren Platz in einer zivilisierten Gemeinschaft, doch sind sie nicht das letztendliche Ziel des Menschen. Und letztlich gibt es noch die Tatsache des Todes. „Und wie den Menschen gesetzt ist, einmal zu sterben, danach aber das Gericht."

Ein Materialist, der sich lediglich als eine Maschine begreift, die allmählich verschleißt und letzten Endes anhält, um sich niemals wieder zu bewegen, hat nach dem Tode nichts zu befürchten. Nach seiner eigenen Hypothese wird er nicht mehr da sein, um sich zu fürchten. Vernichtung ist sein letztendliches Schicksal. Aber ein Mensch, der tiefer denkt und weiß, dass Energie nicht ausgelöscht werden kann, sondern nur ihre *Form* ändert, kann Grund dazu haben, sich mit der Natur dieser Energie zu befassen, welche sein eigenes Wesen im Leben bildete und auch nach dem Tod fortbestehen wird. Das Überleben der sein Wesen bildenden Energien in der einen oder anderen Form ist gewiss. Dies wirft einige Fragen auf: In welcher Form wird er überleben? Wird er sich als sich selbst kennen? Wird er in der Lage sein, die das Wesen bildenden Energien zu erfassen und sie nach seinem Tode zusammenzuhalten, wie er es zu Lebzeiten tat? Oder wird er nicht fähig sein, den Prozess der Desintegration aufzuhalten, der letztendlich in der kompletten Zerstreuung seines Geistes und all dessen, auf das er sich im Leben zentriert hat, münden könnte? Und wie wird der Zustand seiner Seele sein, wenn er das Bezugszentrum verloren hat, welches ihm im Leben dazu diente, seinem Bewusstsein Einheit zu verleihen?

Für das sichere Überleben des physischen Todes müssen wir einen unerschütterlichen Glauben haben. Wir müssen glauben, dass der ursächlichen Energie, der grundlegenden Kraft der gesamten Realität, das Wohlergehen ihrer Schöpfung am Herzen liegt. Wir müssen daran glauben, dass diese ursächliche Kraft intelligent und liebend ist, und einen Plan für uns hat. Dieser Glaube ist der erste Schritt zur Überwindung der Angst. Wir nennen diese ursächliche Kraft „Unser Himmlischer Vater", weil „Vater" die Erzeugungskraft und „Himmel" das Gleichgewicht der Kraft bedeutet. Es ist diese ursächliche Kraft, unser Himmlischer Vater, der das Schicksal aller Kreaturen in seinen Händen hält, der der Ursprung der Gewissheit unseres ewigen Überlebens ist.

Gott, unser Vater, die Erzeugungskraft des universellen Seins und Ursprung unserer Seelen, hat einen Plan, ein Ziel, welches Er in uns zu realisieren beabsichtigt. Er beabsichtigt, uns zur Realisierung der göttlichen Kraft zu bringen, welche er in unser innerstes Zentrum platziert hat, die göttliche Kraft, die der Ursprung unserer Freiheit ist.

Aber solange wir nicht in einer Situation sind, in der wir zwischen Alternativen wählen müssen, können wir uns nicht als frei erkennen. Freiheit kann sich nur in einem Akt der Wahl erkennen. Es werden uns zwei Arten von Alternativen angeboten: das Ewige und das Zeitliche. Das Ewige ist die unveränderliche Wahrheit, das Zeitliche ist eine sich verändernde Form, welche dazu neigt, uns von der ewigen Wahrheit abzulenken und uns in ein unbeständiges, sich kontinuierlich auflösendes Geschehen zu verwickeln. Das Zeitliche ist eine Versuchung, welche darauf abzielt, uns vom wahren Zentrum unseres Wesens, in dem unser freier Wille lebt, wegzuverführen, hin zur falschen Oberflächlichkeit des zeitlichen, ablenkenden Gemütes.

Gott hat das Ziel, die Menschheit zur Realisierung ihrer innersten Kraft des freien Willens zu führen. Um dies zu erreichen, platzierte Er die Menschen in physische Körper und gab ihnen Raum, in dem sie sich bewegen und wählen können. Indem Er uns aber diesen Raum und Körper gab, brachte er uns in eine Situation, in der wir miteinander kollidieren können, eine Situation, in der unsere Absichten in Konflikt geraten können, eine Situation, in der wir einander bekämpfen können. Wir leben in einer Welt, in der wir eine freie Wahl zwischen alternativen Handlungsweisen haben. Wir können einander lieben und uns gegenseitig helfen zu leben; oder wir können einander hassen und danach trachten, alle sich uns bietenden Möglichkeiten des Lebens zu zerstören.

Vor der Schöpfung waren die Energien, die jetzt unser Wesen formen, nicht zusammengebunden. Sie erfuhren sich selbst als unsichere Zonen des Gewahrseins, noch nicht als geformtes Wesen. Ihre Angst war von der Art, wie sie in einer Zone des Gewahrseins aufkommt, die sich ihrer eigenen Möglichkeit der Existenz noch nicht sicher ist – und sich ebenfalls nicht sicher ist, dass, wenn sie eine Existenz erlangen sollte, dies in der von ihr begehrten Weise geschieht. Dies ist die „Angst vor der Schöpfung".

Nach der Schöpfung jedoch, wenn diese Energien einen hinreichenden Grad an Selbstgewahrsein erlangt haben, wie es bei menschlichen Wesen der Fall ist, ändert sich die Form ihrer Angst. Nun geht es um eine Frage des Überlebens in unseren Körpern, während wir in ihnen leben, und des Überlebens unserer Seelen, wenn wir dem Tod gegenübertreten. Wir fürchten uns vor der möglichen Zerstörung unserer Körper, während wir auf der Erde leben, und sind beängstigt über die mögliche Zerstörung unserer Seelen nach dem Tode.

Was ist Zerstörung? Es ist das De-strukturieren, die Zersetzung eines beliebigen Wesens, welches einst zusammengesetzt wurde. Unser physischer Körper ist aus Energiepäckchen zusammengesetzt. Unser Verstand ist aus einem System von Ideen zusammengesetzt, die von Wahrnehmungen abgeleitet sind, welche wir durch unsere Sinne gewonnen und durch unseren Verstand in eine Art von Ordnung gebracht haben.

Eine Struktur ist nötig, um ein stabiles Bezugszentrum für unser Gewahrsein bereitzustellen. Wir brauchen entweder einen physisch stabilen Körper oder ein stabiles System aus wahren Ideen, nach dem wir unsere Ideen ausrichten können. Unser physischer Körper ist unser erstes stabiles Bezugszentrum in diesem Prozess. Das zweite stabile Bezugszentrum, das wir erlangen, ist ein System wahrer Ideen. Unwahre Ideen sind nicht in sich selbst stabil, weil sie nicht richtig zusammenpassen, und was nicht ordentlich zusammenpasst, ist dazu verdammt, irgendwann auseinanderzufallen. Alle Unwahrheiten werden schließlich zerfallen. Weil ein System wahrer Ideen nötig ist, um eine Seele im Gleichgewicht zu halten, und weil unwahre Ideen letzten Endes zerfallen, muss die Seele, die danach strebt, nach dem Tode zu überleben, lernen, zwischen Wahrheit und Falschheit zu unterscheiden.

Der Tod des physischen Körpers wird der „erste Tod" genannt. Die Auflösung des Ideen-Bezugssystems einer Seele wird der „zweite Tod" genannt. Denen, die die Bedeutung von „Christi mein Anker" verstehen, soll kein Leid geschehen von dem anderen Tode.

Weil das erste stabile Bezugszentrum unserer Seele unser physischer Körper ist, nahm Jesus Christus Menschengestalt an, Gott ward Mensch, um uns zu lehren, den Wert des Körpers nicht zu unterschätzen und ihn nicht zu verachten. Hätte der physische Körper keinen Nutzen, wäre Christi nicht in einem Körper leibhaftig geworden. Das Ding, das wir als unseren niedrigsten Teil betrachten, unser physischer Körper, ist der Schlüssel zur Stabilisierung unseres höchsten Teils, unseres göttlichen Geistes („Spirits"). Um unsere spirituelle Freiheit bewusst zu realisieren, müssen wir zuerst in einem physischen Gefährt verkörpert sein. Wir müssen von „Wasser und Spirit geboren" sein. Wasser ist das biblische Symbol plastischer Substanz und Feuer ist das biblische Symbol des freien Willens, der Kraft initiierender Aktivitäten. Folglich symbolisiert Wasser unseren physischen Körper und unsere Geburt in die Zeit, und Feuer symbolisiert unseren spirituellen Körper und unsere Geburt in die Ewigkeit.

Viertes Kapitel

Um die Bedeutung von „Christi mein Anker" vollständig zu verstehen, müssen wir uns Seiner zweifältigen Natur erinnern. Er ist ein ewiges spirituelles Wesen und Er wurde in die Welt von Materie und Zeit als ein menschliches Wesen in einen physischen Körper geboren. Als ein ewiges spirituelles Wesen ist Sein Symbol Feuer, welches aktive Energie kennzeichnet – die Energie des freien Willens, welche fähig ist, *augenblicklich* Aktion zu initiieren, ohne von der Trägheit früher erzeugter Handlungsmuster verlangsamt zu werden. Wir sehen, wie die Flammen des Feuers auflodern, um den Treibstoff, den es für sein Fortbestehen benötigt, zu konsumieren. Wir sprechen davon, dass eine Person plötzlich *Feuer und Flamme für etwas* ist. Wenn wir sehr an einer Sache interessiert sind, bemerken wir, dass unser Interesse unsere Temperatur anhebt. Es gibt eine wirkliche Verbindung zwischen Leben, Interesse und Wärme. Wir sprechen von den „Feuern des Lebens", und in Momenten plötzlichen Interesses fühlen wir wärmende Energie durch unseren Körper jagen.

Feuer ist also seit den frühesten Zeiten der Geschichte das Symbol spirituellen Lebens, des Lebens, welches keine Trägheit besitzt, sondern im Moment der Entscheidung sofort in Aktion versetzt wird. „Aus Feuer geboren" zu sein, heißt, fähig zu werden, augenblicklich und intelligent zu agieren.

Wasser war schon immer das Symbol materieller Plastizität, das Symbol der Substanz, die modelliert werden kann, die jede Form annehmen kann, so wie eine Flüssigkeit die Form des Gefäßes annimmt, in welches wir sie gießen. „Aus Wasser geboren" zu sein, heißt, in einen physischen Körper, als ein lebendes Wesen, in die materielle Welt geboren zu sein.

Die Substanz lebender Wesen, ob Pflanze, Tier oder Mensch, ist vorwiegend aus Wasser zusammengesetzt. Diese Substanz wird Protoplasma genannt, was „erste plastische Substanz" bedeutet. Wir beginnen unser Leben in der physischen Welt als eine winzige Kugel von Protoplasma, die nahezu vollständig Wasser ist, mit kleinsten Mengen bestimmter chemischer Substanzen darin. Diese winzige Kugel ist das Ei oder Ovum, aus dem sich alle lebenden Wesen entwickeln. Die „Geburt in das Wasser" ist der Eintritt in die protoplasmische Existenz. Ohne diese Geburt wären wir nicht fähig, den physischen Körper zu entwickeln, in welchem wir unsere Erfahrungen des Lebens auf Erden gewinnen. Ohne diese Erfahrungen würden wir uns selbst unsere reale Natur nicht offenbaren.

Symbolisch können wir von unserem „Feuerkörper" und unserem „Wasserkörper" sprechen. Unser „Feuerkörper" ist unser spiritueller Körper und unser „Wasserkörper" ist unser physischer Körper. Unser Feuerköper ist die Masse vitaler Energie, welche selbst-initiierend, selbst-mobilisierend ist. Es ist das in uns, was uns erlaubt zu ändern, was wir tun, ohne mühsam eine Handlungsweise ausarbeiten zu müssen.

Es ist die Ursache unserer *Initiation*, der Kraft Christi in uns, die gleich einer Flamme ganz plötzlich zu einer Wahrheit auflodern kann. Es gibt keine Trägheit, keine Schwerfälligkeit in unserem Feuerkörper. Er ist essentiell vital, augenblicklich bereit, auf jede Lebenssituation einzugehen. Mittels unseres Feuerkörpers, unseres spirituellen Selbst, sind wir in der Lage intelligent auf jede Anforderung zu reagieren, die an uns in einer wirklichen Überlebenssituation gestellt wird. Es ist dieser spirituelle Feuerkörper, der uns dazu veranlasst, uns blitzschnell außer Gefahr zu bringen, wenn etwas passiert, das unser Leben gefährdet.

Unser Wasserkörper, unser physisches Leben, ist jedoch ganz anders als unser Feuerkörper. Während unser Feuerkörper in jedem Moment bereit ist, in Aktion zu treten und unser Leben zu erhalten, ist unser Wasserkörper, welchen wir unseren fleischlichen Körper nennen, nicht durch diese stets bereite Augenblicklichkeit unseres spirituellen Körpers charakterisiert. Der Wasserkörper unseres physischen Lebens neigt zum Vergnügen, dazu, „die Dinge leicht zu nehmen", zum „la Dolce Vita", dem süßen Leben.

Aus diesen Unterschieden der beiden Körper heraus können wir verstehen, warum uns gesagt wird, dass das fleischliche Leben und das spirituelle Leben („Leben des Spirit") oft auf Kriegsfuß miteinander stehen. Das spirituelle Leben ist ein Leben, das Freiheit vorzieht, das fleischliche Leben ist ein Leben, das Vergnügen vorzieht und bereit ist, für das Vergnügen seine Freiheit aufzugeben.

Dies scheint eine sehr befremdliche Verbindung zu sein, denn innerhalb des gleichen Wesens finden wir zwei völlig entgegengesetzte Tendenzen, eine zur Freiheit und dem Abschütteln der Fesseln, und eine zur vergnüglichen Selbstverwöhnung, bei der die Freiheit als solche nicht geachtet wird, solange Vergnügen erreicht werden kann. Warum sollten zwei entgegengesetzte Tendenzen in ein und demselben Organismus enthalten sein?

Zwischen dem Verlangen nach Vergnügen und dem Willen zur Freiheit wird eine bestimmte Art von Spannung erzeugt. Diese Spannung hat eine sehr spezielle Funktion. Ohne sie könnten wir niemals wirklich individualisierte Wesen werden. Es ist diese Spannung, die uns realisieren lässt, dass wir Individuen sind. Untersuchen wir ein elastisches Band, das schlaff, ungestreckt auf dem Tisch liegt. Stellen wir uns vor, dass dieses elastische Band die Kraft besitzt, seinen eigenen Zustand zu fühlen, dass es empfindungsfähig ist. Wie erfährt es sich selbst? Wir müssen feststellen, dass es sich lasch fühlt, sich selbst kaum gewahr. Stellen wir uns jetzt vor, dass wir dieses Band strecken und es an zwei Klammern befestigen, durch die es in einem Zustand der Spannung gehalten wird. Wie fühlt es sich in diesem Zustand? Es fühlt sich *seiner selbst bewusster*, hat *mehr Selbstgewahrsein*.

Was ist der Nutzen gesteigerten Selbstgewahrseins für ein lebendes Wesen? Es steigert die Wahrscheinlichkeit des Überlebens, nicht nur in der physischen Welt, sondern auch in der spirituellen Welt. Wenn wir fähig sind, ausreichendes Selbstgewahrsein während unseres physischen, irdischen Lebens zu erzeugen, so werden wir eher dazu in der Lage sein, dieses Selbstgewahrsein zu erhalten, nachdem unser Leben geendet hat und wir unseren physischen Körper verlassen haben. Hierin erkennen wir wirklich den Wert Jesu Christi für uns sowie für das Überleben in dieser Welt und der Nächsten. Tatsache ist, dass Er, ein ewiges Spirituelles Wesen, in einen materiellen physischen Körper eintrat; ein völlig freies Wesen trat ein in die Gebundenheit der materiellen Welt. Um zu verstehen, warum Er das tat, müssen wir uns mit der Bedeutung des Falles Adams und unseren eigenen Tendenzen, diesen Fall zu wiederholen, etwas genauer befassen.

Als Erstes müssen wir verstehen, dass wir als menschliche Wesen eine duale Natur besitzen, dass wir zweifach in unserer Konstruktion sind. Wir haben einen physischen Körper aus Fleisch, in welchen wir in der „Geburt aus Wasser" eintreten; wir leben zuerst innerhalb eines wassergefüllten Beutels oder Sacks innerhalb unserer Mutter und nach der Geburt innerhalb unserer wassergefüllten Haut, als ein protoplasmisches Wesen in der äußeren Welt. Außerdem haben wir einen spirituellen Körper, einen sehr feinen Körper freier Energie, mittels dessen wir fähig sind, an dem spirituellen Leben Gottes teilzuhaben.

Zweitens müssen wir uns erinnern, dass Jesus Christus uns durch Seinen Eintritt in die materielle Welt, in die physische Verkörperung, zeigte, wie wir uns vor der Tendenz, den Fall Adams zu wiederholen, retten können.

Dieser Fall ist ein Fall in die *Identifikation* mit unserem physischen Körper, unserer fleischlichen, Vergnügen suchenden Natur. Wenn wir uns völlig mit diesem physischen Körper identifizieren, werden wir durch ihn versklavt. Seine Vergnügen suchenden und Schmerz vermeidenden Tendenzen binden uns immer enger an unseren physischen Körper, bis wir schließlich glauben, lediglich ein physisches Wesen zu sein. Dann verblasst alle Erinnerung an unsere wahre spirituelle Natur, bis wir letztendlich völlig ungläubig werden. Dann wird „Spirit" zu einem Wort ohne Bedeutung in Bezug auf unser Wesen, wie wir es kennen. Wir glauben mehr und mehr daran, lediglich materielle Wesen zu sein, deren Körper gänzlich den Naturgesetzen unterworfen sind. Das ist der Punkt, an dem wir leicht dazu verleitet werden, die Aussagen materialistischer Wissenschaftler zu akzeptieren, die das menschliche Wesen lediglich als eine Art komplexer Maschine betrachten, das Maschinengesetzen unterworfen ist.

Wenn wir uns in diese materialistische Identifikation fallen lassen, werden wir mehr und mehr bereit, als Maschine behandelt zu werden. Wir erwarten nicht mehr von uns selbst, als wir von einer Maschine erwarten könnten. Das ist ein befremdender, zwiespältiger Zustand des Wesens, denn auf der einen Seite glauben wir, selbst lediglich komplexe Maschinen zu sein, und auf der anderen Seite erfahren wir uns selbst als Vergnügen suchende, Schmerz vermeidende

Wesen. Und selten stellen wir uns die Frage: Wenn wir lediglich Maschinen sind, warum fühlen wir Vergnügen und Schmerz? Und wenn wir Vergnügen und Schmerz fühlen, warum glauben wir, dass wir lediglich Maschinen sind?

Solange wir uns als Vergnügen Suchende betrachten, sind wir an die besonderen Bedingungen gekettet, durch welche wir Vergnügen erlangen. Betrachten wir uns als Schmerzvermeider, sind wir abgestoßen von allem, was uns Schmerz bereiten könnte. Wenn wir die so genannte „wissenschaftliche" Ansicht materialistischer Denker akzeptieren, verhalten wir uns, als wären wir Maschinen, beherrscht von mechanischen Gesetzen. Dann verlieren wir das Gewahrsein der Freiheit, die sich im wahren Zentrum unserer Seele befindet.

Aber Jesus Christus zeigte uns durch Seine Inkarnation in einem physischen Körper und Seiner Überwindung der Tendenzen des fleischlichen Lebens, dass wir nicht der Identifikation mit den Dingen der materiellen Welt anheimfallen müssen. Wir müssen uns weder als bloße Vergnügensucher und Schmerzvermeider betrachten noch als bloße Maschinen, die mechanischen Gesetzen gehorchen. Wir müssen genauso wenig vergessen, dass wir wirklich spirituelle Wesen sind, deren Essenz die Freiheit ist.

Jesu Christi ist unser Anker. Durch Seinen Sieg über die Versuchungen des fleischlichen Körpers, über das Verlangen nach Macht über andere Dinge und über die mechanische Reaktivität des materiellen Teils Seines Wesens zeigte Er uns, dass der Sieg über das Fleisch und über die Welt der Materie und Zeit möglich ist. Wir müssen nicht von unseren Vergnügen suchenden Tendenzen versklavt werden. Wir müssen nicht von unseren Schmerz vermeidenden Tendenzen eingeschüchtert werden. Wir müssen nicht denken, dass wir Sklaven materieller, mechanischer Gesetze sind.

Jesu Christi gibt uns in unserem Geist ein Bild eines besonderen Menschen. Dieses Bild kann dazu dienen, uns an die Möglichkeit spiritueller Freiheit zu erinnern. Es ist ein Bild des Anker-Menschen, des Menschen, der sich durch Seinen Willen im Willen Gottes verankert hat – ein Wille, der besagt, dass die Essenz jedes Menschen frei ist, und dass diese Freiheit von jedem Menschen realisiert werden kann, der Christus als seinen Anker annimmt.

Ein anderes Symbol Jesu Christi ist ein Fisch. Wir schwimmen in einem Meer der Angst und brauchen dieses Fischsymbol, um uns an die Tatsache zu erinnern, dass wir inmitten dieses Ozeans, inmitten all unserer Ängste, schwimmen lernen können. Wir können lernen, das Leben zu sehen, wie es Jesus Christus sieht, als eine Situation, in der wir von Unbeständigkeiten umgeben sind und uns dennoch stabilisieren können, wie ein Fisch sich inmitten der sich stets wandelnden, stets gegensätzlich fließenden Wasser des Ozeans stabilisiert.

Dass das Leben auf- und abgeht, dass es Wellen auf dem Ozean des Lebens gibt, dass sich die Situationen, in denen wir uns finden, unaufhörlich ändern, dass unser Zustand niemals für sehr lange der gleiche ist, ist etwas, dass wir alle wissen. Dass wir aber gerne denken, dass es anders sein sollte, ist auch etwas, das wir alle wissen. Doch Jesus sagt uns durch Sein Leben, dass es besser für uns ist, uns davor zu hüten, zu denken, dass etwas anders sein *sollte*, als es ist. Wir müssen zuerst lernen zu akzeptieren, was *ist*, dann erst werden wir fähig sein, nutzbringend darauf zu reagieren. Ein Seemann auf See erwartet nicht, dass sie flach und ruhig bleibt; er bekommt, was er seine „Seebeine" nennt.

Fünftes
Kapitel

Die Akzeptanz der Realität ist die erste Vorbedingung, um fähig zu sein, effizient mit ihr umzugehen. Aber was ist Realität? Sie ist die Totalität der Dinge und Ereignisse und Beziehungen innerhalb des Universums. Jedoch ist es zu viel für jedes kreierte Wesen, mit dieser Realität in ihrer Gesamtheit umzugehen. Kein lediglich menschliches Wesen kann die Gesamtheit der Realität verstehen. Sie ist viel, viel zu riesig, um von einer rein menschlichen Intelligenz erfasst zu werden. Was also tun?

Die enorme Ausdehnung des Universums liegt jenseits unseres Verständnisses, sogar jenseits unserer Vorstellung, doch gibt es etwas, das wir tun können, um uns in eine adäquate Beziehung zur Realität zu bringen. Wir können akzeptieren, dass wir die Gesamtheit der Realität nicht kennen und demzufolge der Hilfe bedürfen, um mit ihr umzugehen. Es ist hier, da wir der Bedeutung Christi begegnen: Er ist unser Helfer, Er ist unser Schwert und Schild, Er ist unser Anker. Mit Seinem Opfer verankerte Er Sich Selbst in der Ewigen Wahrheit. Durch unseren Glauben an Sein Opfer verankern wir uns in Ihm. Durch Sein Wort Universeller Wahrheit schirmen wir uns von den Attacken der Unwahrheit unserer Feinde ab. Durch Seinen ewig währenden Willen, uns Gottes Gesetz der Liebe zu lehren, wurde uns ein spirituelles Schwert gegeben, dieses Gesetz zu verbreiten.

Was sagt Christi darüber, wie wir mit dem riesigen Universum, das uns umgibt, umgehen sollen? Wie können wir zu dessen zahllosen Anforderungen in Beziehung treten? Wir müssen es von Moment zu Moment tun. Wir sollen nicht versuchen, mehr davon zu erfassen, als in jedem Augenblick in unserer Macht liegt. „Es ist genug, dass ein jeglicher Tag seine eigene Plage habe."

Warum sollte es für uns ausreichend sein, mit nur dem kleinen Gebiet des riesigen Universums, in dem wir uns befinden, umzugehen? Weil es Gott nicht um die Tragweite unserer Aktivitäten geht, sondern um den Fokus unseres *Willens*. Ihm geht es nicht um die *Menge* unserer Taten, sondern um deren *Qualität*. Und die Qualität hängt von dem *Zustand unseres Willens* ab, der Kondition unseres innersten Herzens, der tiefsten *Motivation* unserer Handlungen.

Wir begegnen hier einer wichtigen Idee: Gott verlangt von uns nicht, mit der Unermesslichkeit der Realität, den unzählbaren Dingen des Universums, umzugehen. Was Gott von uns will, ist, zu dem Zustand unseres Herzens in Beziehung zu treten, sei es ein *liebendes* Herz oder nicht. Ein hassendes Herz, ein Herz vollgesogen mit Feindschaft und Hass, ist nicht, was Gott für uns will.

Jeder Moment in unserem Leben ist ein Moment, in dem wir unseren Willen in die eine oder andere Richtung wenden. Unser Leben ist nichts anderes als eine Folge von *Momenten des Willens*, und in jedem Moment gibt sich unser Wille selbst eine Richtung, setzt sich selbst ein zu erreichendes Ziel und strebt danach, eine Art von Beziehung zu einem Teil der Realität aufzubauen. Und diese Art von Beziehung muss entweder eine der Liebe oder des Hasses sein.

Hass und Liebe sind Zustände unseres Willens. Unser tiefster Wille ist das Zentrum unseres geheimen Herzens. In diesem Zentrum haben wir eine *Einstellung zur Realität*, und diese Einstellung bestimmt, was uns widerfahren wird. Diese Einstellung ist es, die Gott in uns betrachtet. Gott erforscht unser Herz, und gemäß dem, was Er dort findet, führt Er uns auf den für uns geeigneten Pfad. Wenn unser Herz in Liebe mit Gottes Wahrheit verbunden ist, führt Er uns auf eine spezielle Weise, um diese zu verwirklichen. Wenn sich unser Herz vor Gottes Wahrheit fürchtet, da sie uns die Erfüllung eines privaten Vorteiles verwehren könnte, führt Er uns auf einen anderen Pfad, um uns zu korrigieren.

Wir haben das Versprechen Christi, dass, wenn wir Gott lieben, wir Seine vollkommene Zusicherung haben, dass Er uns in die Richtung führen wird, in die sich Seine Liebe bewegt. Seine Liebe wird uns aufwärts tragen, zu einer umfassenderen Beziehung mit Ihm. Wenn wir nun also Gott lieben, sind wir in Gottes Liebe, und diese Liebe ermächtigt uns, die Realität auf eine spezielle Weise zu sehen. Gott *ist* Liebe, die unendliche, mysteriöse Macht, die das Universum in das Sein gebracht hat. Nichts in der Existenz kann fortbestehen zu existieren ohne die tragende Macht göttlicher Liebe. Wenn wir Liebe in unseren

Herzen tragen, ist unser Verstand geöffnet und wir erkennen, was die Bedeutung der Liebe ist.

Liebe ist die unendliche Macht Gottes, die unaufhörlich wirkt, *um alle Wesen in ihren eigenen Zustand zu bringen.* Göttliche Liebe ist der Wille zur Entwicklung aller harmonischen Möglichkeiten des Wesens. Sie will alle Kreaturen in ihren eigenen Zustand bringen, sodass auch sie in gleicher Weise lieben können. Wenn wir akzeptieren, dass dies Liebe ist und diese Liebe für ihre Vermehrung wirkt, beginnt sich in unserem Gemüt eine Tür des Verstehens zu öffnen. Wir beginnen zu verstehen, warum es so ist, das „die völlige Liebe die Furcht austreibet."

Furcht wird aus Schmerz geboren. Schmerz kann jedoch auf zwei Arten betrachtet werden: als Schmerz, der uns von außen zugefügt wird, ohne unseren Willen; und als Schmerz, welchem wir uns in einem Akt des Willens aussetzten, um einen Zweck zu erfüllen. Der Schmerz, den Jesu am Kreuz erlitt, war von der zweiten Art. Er wurde zielbewusst durchgestanden, um die Menschheit von einem Zustand der Sklaverei zu befreien – eine Sklaverei, die aus der Annahme des Menschen resultierte, dass er imstande sei, Gut und Böse für sich selbst zu definieren.

Als der Mensch fiel, tat er so, weil er sich imstande erachtete, im Besitz der Mysterien von Gut und Böse zu sein. Dabei stellte er jedoch eine Gleichung auf, dass das Gute das Vergnügliche und das Böse das Schmerzliche sei. Das ist aber nicht immer so, denn es gibt Zeiten, in denen Schmerz lebensschützend ist: Schmerz in unserem Körper kann uns darüber informieren, dass etwas in uns nicht in Ordnung ist und unserer Aufmerksamkeit bedarf. Die Schmerzen, die bestimmte Krankheiten begleiten, sind eine Warnung. Doch die Schmerzen, die der Frustration egotistischer Wünsche entspringen, sind von einer ganz anderen Art. Dieser Schmerz sagt uns, dass wir unsere Lebenseinstellung ändern müssen, dass wir unseren privaten Zielen erlaubt haben, uns gegenüber der Realität der Weltsituation blind zu machen.

Vergnügen mag aus der Betrachtung schöner und guter Dinge, aus kooperativen Aktivitäten unserer physischen Körper, aus wahren kommunalen Wechselbeziehungen hervorgehen. Aber es kann auch durch bestimmte Arten von Stimuli unserer Nervenenden entstehen, welche unsere Intelligenz versklaven, wie wir es in Drogen- und Alkoholsucht sehen. Oder es entspringt der Beobachtung des Falles von Personen, die wir als unsere Feinde definiert haben – dies ist eine Art des Vergnügens, die äußerst schädlich für unsere Seelen ist. Auch ist es möglich, dass Vergnügen und Schmerz invertiert sind. Wir sehen dies in Fällen von Sadismus, in welchen Vergnügen daraus gezogen wird, geliebten Personen Schmerz zuzufügen, oder Masochismus, in welchen wir Vergnügen aus Schmerz ziehen, der uns von geliebten Personen oder anderen zugefügt wird.

Das gesamte Problem der Beziehung zwischen Vergnügen und Schmerz und Gut und Böse ist so komplex, dass es äußerst unwahrscheinlich ist, dass wir letzten Endes fähig sein werden, es zu lösen. Es ist ein Mysterium, dessen Lösung sich Gott selbst vorbehalten hat. Deswegen gab Gott Adam den Befehl, nicht vom Baum des Wissens von Gut und Böse zu essen.

Wie sollen wir nun mit diesem Problem umgehen? Wir müssen auf intelligenteste Weise akzeptieren, was uns geschieht. Wir müssen uns von der Sklaverei befreien, die an reines Vergnügen gekettet ist, und unseren Willen stärken, um die Schmerzen, die wir erleiden müssen, zu akzeptieren, wenn diese aus Bedingungen entstehen, die wir noch nicht kontrollieren können.

Besonders müssen wir daran arbeiten, diejenigen Tendenzen aus unserem Gemüt zu entfernen, die uns dazu führen, uns an Schmerzen, die anderen zugefügt werden, zu erfreuen. Wenn wir uns als voneinander getrennte Wesen betrachten, neigen unsere Gemüter dazu, in einer abwehrenden Weise zu arbeiten. Wir verfallen in einen Zustand, in dem wir uns an dem Unglück anderer Personen, deren Zielen wir nicht zustimmen, erfreuen.

Sich am Fall anderer zu erfreuen, heißt, uns selbst der Furcht auszusetzen, dass der andere Freude an *unserem* Unglück findet. Der menschliche Geist funktioniert so, dass er das, was er für andere will, bewusst oder unbewusst für sich selbst erwarten muss. Warum ist dies so?

Im tiefsten Inneren unseres Herzens wissen wir, dass alle Wesen auf mysteriöse Weise miteinander verbunden sind. In

Momenten unserer völligsten Stille fühlen wir unsere essentielle Einheit mit allen lebenden Wesen, wissen wir, dass wir alle denselben Ursprung haben.

Dieses Gefühl der Einheit mit allen Wesen steht wirklich außerhalb jeden Zweifels, denn hätten wir absolut keinen gemeinsamen Ursprung, wären wir überhaupt nicht in der Lage, miteinander zu kommunizieren.

Haben wir einmal akzeptiert, dass wir alle Teilhaber an einer originären Substanz sind, können wir beginnen zu sehen, dass all unser Tun auf irgendeine Art auch die anderen Wesen, die ebenfalls an dieser gleichen Substanz teilhaben, betreffen muss. Wir können uns nicht absolut von einem gemeinsamen Ursprung abdämmen, und deshalb können wir uns nicht völlig von anderen Wesen trennen, die diesem Ursprung entstammen – noch können sie sich von uns trennen. Wir sind in der Realität, von welcher wir alle Teile sind, zusammengebunden.

Da dies so ist, wäre es ziemlich unvernünftig zu denken, wir könnten frei von den Auswirkungen sein, die unsere Handlungen auf andere Wesen haben, die an der universellen Macht teilhaben, von der wir alle ein Ausdruck sind. Wir alle sind wie kleine Wellen auf einem riesigen Ozean. Keiner von uns kann den Auswirkungen der zahlreichen auslösenden Ursachen, die in diesem Ozean operieren, entkommen. Wir sind, ob wir es mögen oder nicht, Kooperatoren, für Gutes oder Böses.

Haben wir einmal die Wahrheit dessen erkannt, können wir auch erkennen, dass, wenn wir uns selbst erlauben, in einem Geist von Hass und Furcht gegen andere Wesen zu arbeiten, wir die Samen unseres eigenen Zusammenbruches säen. Die Welt ist rund; alle Dinge bewegen sich in Kreisen und kehren zu ihrem Ursprung zurück. „Was wir säen, das sollen wir ernten." Das ist ein unvermeidbares Gesetz.

Dies erkennend sollen wir vom Zentrum unseres Herzens, von der Tiefe unseres innersten Wesens, nur solche Handlungen freigeben, deren zwangsläufige Früchte wir zu uns zurückkehren lassen *wollen*. Wir sind unsere eigenen Henker. Und wir sind auch unsere eigenen Belohner, indem wir von unserem originären Ursprung die unvermeidbaren Resultate unserer Taten und Einstellungen herabrufen.

Christus hat uns den Schlüssel gegeben: „Was ihr getan habt einem unter diesen meinen geringsten Brüdern, das habt ihr mir getan." Alle von uns haben einen Ursprung, einen unendlichen Gott, der in jedem Atom Seiner Schöpfung gegenwärtig ist und somit die verborgensten Einstellungen unseres geheimen Willens kennt.

Weil dies so ist, müssen wir nur unseren Willen in Einklang mit Gottes Willen bringen, um uns in den Schutz Seiner alldurchdringenden Macht zu begeben. Dies ist die einzige Vorbedingung, um uns von der Angst zu befreien, die die Welt der kreierten Wesen durchdringt. Wir müssen uns nur daran erinnern, dass alle unsere Handlungen nicht nur die begrenzten Wesen betreffen, auf die sich diese richten, sondern auch den unendlichen Gott, in dem wir leben und uns bewegen und unser Wesen haben. „Die Rache ist mein", sagt Gott. „Ich will vergelten." Es ist nicht an uns, mit unserer so geringen Kenntnis der Kräfte, die in der Welt agieren, zu entscheiden, welche Strafe dem zugemessen werden soll, den wir einen Missetäter gegen Gottes Gesetz wähnen. Unserer Seelen Pflicht ist es, unseren Willen in Gottes Liebe zu bringen und von dieser Liebe aus zu leben und zu handeln.

Sechstes Kapitel

Durch Seine Selbstopferung in Golgota verankerte sich Jesus Christus in der Ewigen Wahrheit. Was ist Ewige Wahrheit? Zunächst einmal müssen wir verstehen, dass Ewigkeit nicht bloß endlose Zeit ist. Zeit ist ein Prozess *innerhalb* der Ewigkeit. Ewigkeit ist ein unendliches „Hier-Jetzt". Das ist kein leicht erfassbarer Begriff. Unser Verstand ist bei seinen Prozessen im Allgemeinen auf eine Denkweise konditioniert, nach der die Dinge eins nach dem anderen in Sequenzen geschehen. Es ist diese sequenzielle, lineare Art des Denkens, die die Idee aufkommen ließ, dass sich die Zeit von dem, was wir „Vergangenheit" nennen, durch das, was wir „Gegenwart" nennen, in das, was wir „Zukunft" nennen, erstreckt. Aber „Vergangenheit", „Gegenwart" und „Zukunft" sind sehr mysteriös. Einige der großen Philosophen der Welt haben versucht, das Geheimnis der Zeit zu enthüllen, und uns dennoch keine klare Erklärung dafür gegeben.

Plato sah die Zeit als das „bewegte Abbild der Ewigkeit". Dies kann eine sehr fruchtbringende Art sein, über Zeit und Ewigkeit nachzudenken. Erinnern wir uns daran, dass Gott allwissend ist, dass Er alles weiß und dass Er dieses „Alles" in einer unendlichen Gleichzeitigkeit weiß, einer unbegrenzten „All-in-Einheit". Diese „All-in-Einheit" ist das *Ewige Jetzt*, ein unendliches Jetzt, das in sich selbst alle vorstellbaren Dinge, Wesen, Ereignisse und Beziehungen in einer unendlichen Ganzheit enthält.

Aber Gott ist auch allgewaltig, allmächtig, und innerhalb Seiner Allmächtigkeit kann Er nicht nur die Totalität aller Möglichkeiten aller Dinge sehen, Er kann auch auf spezielle Art auf ein *einzelnes* Ding innerhalb der unendlichen Totalität *fokussieren*. Diese Fähigkeit, auf einzelne Dinge innerhalb Seiner unendlichen Möglichkeiten zu fokussieren, ist die Ursache der Erscheinung der Zeit. Zeit ist das Resultat des Fokussierens der Aufmerksamkeit erst auf ein Ding, dann auf ein anderes. Wir können uns dies auf eine sehr einfache Weise verbildlichen.

Wenn wir einen unserer Arme gerade vor uns ausstrecken, unsere Finger gespreizt und getrennt voneinander, können wir unsere ganze Hand auf einen Blick sehen. Wir können sehen, das unsere Finger und Daumen aus unserer Handfläche herausstehen: Wir können das Profil unserer Hand sehen, die Art, in der Finger und Daumen zueinander in Bezug stehen. Wir können das auf einen Blick tun, alles auf einmal. Wenn wir unsere Hand nun ganz nah vor unsere Augen führen, können wir unseren Blick konvergieren und unsere Aufmerksamkeit auf einen Finger fokussieren. Dann sagen wir, dass wir durch den einfachen Akt des Fokussierens unserer Aufmerksamkeit einen unserer Finger von der gesamten Anzahl der Finger, die wir haben, „abstrahieren". Wenn wir uns sehr intensiv auf einen Finger konzentrieren, können wir uns dazu bringen, die anderen Finger zu „vergessen". Dieses „Vergessen" ist sehr wichtig für das Erzeugen unseres „Zeit"-Bewusstseins. Wir können all unsere Aufmerksamkeit durch einen Akt des Willens auf den kleinen Finger fokussieren und die anderen „vergessen". Dann können wir unseren Fokus zum Ringfinger verlagern und die anderen „vergessen", und so weiter. Wenn wir diese Übung der Verlagerung unseres Fokusses der Aufmerksamkeit von einem auf den anderen Finger durchführen, und währenddessen die anderen Finger „vergessen", *erzeugen* wir Zeit. Wir sehen die Dinge *eins nach dem anderen*.

Wir können durch diese einfache Übung sehen, dass wir die Fähigkeit haben, die Dinge „alle auf einmal" zu sehen, und sie auch getrennt zu sehen, eins nach dem anderen. Wenn wir die Dinge alle auf einmal sehen, erhalten wir einen Vorgeschmack davon, was es bedeutet, in der *Ewigkeit* zu sein. Wenn wir die Dinge eins nach dem anderen sehen, erfahren wir sie wie in der *Zeit*. Sodann beginnen wir zu erkennen, was es bedeutet, zu sagen: „Die Zeit ist das bewegte Abbild der Ewigkeit."

Ewigkeit ist die Unendlichkeit der Dinge, Wesen, Ereignisse und Beziehungen, die in Gottes Geist alle auf einmal als ein unendliches, ganzes Muster erfasst sind. Für Gott ist diese Ewigkeit eine unendliche Realität. Für den Menschen auf Erden in seinem gewöhnlichen Bewusstsein ist es *eine Idee einer Möglichkeit*. Aber wenn der Geist eines Menschen durch Gottes Gnade erhoben ist, wie der Geist des Heiligen Johannes, als er „erhoben ward in den göttlichen Geist („Spirit")", wird es für ihn möglich, etwas von dem zu erfahren, was das unendliche Jetzt der Ewigkeit selbst ist.

Das Unendliche „Jetzt" der Ewigkeit ist die „Präsenz" Gottes Selbst, wie Er sich in sich Selbst erfährt. Dieser Fakt der „Präsenz" Gottes Selbst bedeutet, dass Sein Ewiges „Jetzt" auch das Ewige „Hier" ist. Das „Jetzt" Gottes ist Seine Ewige Augenblicklichkeit, Seine Unmittelbarkeit mit sich Selbst, Seine Ewige „Gegenwärtigkeit" mit sich Selbst. Es ist innerhalb der „Hier-Jetzt"-Unmittelbarkeit der Präsenz Gottes, in der wir „leben, uns bewegen und unser Wesen haben". Darum „kann uns nichts von der Liebe Gottes trennen", denn wo immer wir sind, in welchem Zustand wir uns auch befinden, wir sind immer innerhalb Seiner Unendlichen Selbst-Präsenz.

Wenn dies so ist, und es *ist* so, warum glauben wir, jemals von Gott abgeschnitten sein zu können? Dies ist so, weil wir uns selbst abschneiden. Wie tun wir das? Durch unser eigenes Interesse an den Dingen, Ereignissen und Beziehungen der *Zeit*.

Es gibt eine interessante Illustration von dem, was Zeit für uns bedeuten könnte, in dem altertümlichen Mythos von Saturn, einem heidnischen Gott, der als die Personifikation des Zeitprozesses angesehen wurde. Saturn gebar mithilfe seiner Gefährtin Rhea alle Wesen, die in der Zeit existieren, und verschlang sie. In der Zeit kommen wir in die Existenz, und sodann verschlingt uns die Zeit. Dies war die altertümliche Ansicht des Faktes des Zyklus von Geburt und Tod, welchen alle Wesen durchschreiten müssen.

Wir haben gesehen, dass, wenn wir die Teile unserer Erfahrung getrennt in einer linearen Folge betrachten, wir uns durch diesen Fakt mit dem Zeitprozess identifizieren. Wir betrachten jedes getrennte Ding in einem Moment der Zeit, für eine bestimmte Dauer der Zeit. Wir werden für die gegebene Spanne der Zeit durch die Zeit versklavt. Und wenn wir nicht vorsichtig sind, vergessen wir, dass wir wirklich Kinder der Ewigkeit sind. Wir vergessen die Ewige Präsenz Gottes, fallen in das Denken über die rein zeitlichen Fakten der Dinge. Letztlich verlieren wir alles Gewahrsein der Ewigkeit, welches unser wahres Zuhause ist, und verhalten uns wie Kinder der Zeit.

Die mystische Farbe Saturns ist dunkel. Wenn wir in die Identifikation mit den linearen Dingen der Zeit fallen, ist unser Geist verdunkelt. Wir können nicht länger das wahre Muster der Dinge sehen, wie sie im Ewigen Lichte Gottes erscheinen. In heidnischen Zeiten war Saturns Gegenteil Jupiter. „Jupiter" bedeutet Deo-Pater, Gott der Vater.

Bevor Jesus Christus auf Erden kam, waren den altertümlichen Sehern und Propheten einige Einsichten über die Natur der Realität gegeben worden, um ihnen zu helfen, die Menschheit für das Kommen des Erlösers vorzubereiten. Ihnen wurde erlaubt, zu sehen, dass der Mensch eine Wahl hat, wie er sein Leben leben will, entweder als wäre er ein Kind des Saturns, durch Zeitprozesse gebunden, oder als wäre er ein Kind des Jupiter, ein Sohn Gottes, des wahren Vaters aller Wesen, ein Sohn spiritueller Freiheit. Diese Wahl ist auch heute noch die eine wichtige Wahl, die wir alle treffen müssen.

Wir müssen wählen, über uns entweder als mechanische Produkte des Zeitprozesses zu denken, ohne jede Bedeutung jenseits der Zeit; oder wir müssen *wissen*, dass wir Wesen sind, deren wahrer Ursprung in der Ewigkeit liegt, jenseits der Zeit, in der unendlich liebenden Präsenz Gottes.

Wenn wir wirklich nur Zeitwesen wären, würden wir keine Möglichkeit haben, irgendeine ewige Wahrheit zu kennen. Wir würden nur die Sequenz linearer Ereignisse der flüchtigen Momente der Zeit kennen. Wir würden erbarmungslos von der Bewegung der Zeit entlang getragen, von unserer Geburt, mit nur Chaos davor, bis zu unserem Tod, mit nur Chaos und Vernichtung nach ihm.

Aber wenn wir Wesen der Ewigkeit sind, existieren wir vor unserer Geburt und nach unserem Tod. Wir kommen von Gottes Ewiger Liebe und kehren in Gottes Ewige Liebe zurück. Für uns ist Zeit nur ein Intermezzo zwischen den „Aus"-gängen und „Ein"-gängen der Ewigkeit.

Was also bedeutet Zeit wirklich für uns? Es ist die Periode unseres Wesens, in welcher wir die Möglichkeiten einer unendlichen Anzahl der Arten des Seins erfahren, jedoch in einer linearen, sequenziellen Weise, einer Weise, welche uns erlaubt, jede unserer Handlungen getrennt zu betrachten, sodass wir jede Handlung, die wir begehen, *für sich selbst*, ungefärbt von anderen Möglichkeiten, bewerten können.

Diese lineare Trennung unserer Handlungen in der Zeit ist, was „Versuchung" (der Zeit) („Temptation") bedeutet. Versuchung („Temptation") ist die *temporäre, zeitliche Präsentation von Handlungsmöglichkeiten*. Durch die Versuchung, das heißt, durch die lineare Präsentation von Handlungsmöglichkeiten, werden wir in eine Position gebracht, in der wir *wählen* müssen, welche einzelnen Zeit-Handlungen wir ausführen wollen. Wir werden in eine Position gebracht, in der wir uns in geraumer Zeit unserer Motivationen bewusst werden müssen. Dies ist die wirkliche Absicht Gottes, den Zeitprozess fortdauern zu lassen, und wenn dieser Zweck erfüllt sein wird, „soll hinfort keine Zeit mehr sein". Die Zeit wird „wie eine Schriftrolle aufgerollt" werden und enden. Allein die Ewigkeit wird herrschen.

Wenn wir uns erlauben können, zu erkennen, dass die linearen Ereignisse der Zeit nichts als einige der unendlichen Möglichkeiten der Ewigkeit sind, werden wir fähig, die Gründe unserer Ängste näher zu betrachten.

Wenn wir ängstlich sind, ängstigen wir uns vor etwas, welches wir nicht möchten, von dem wir aber denken oder fühlen, dass es passieren könnte. Wir ängstigen uns vor einem schmerzvollen Ereignis, das unsere Lebensmöglichkeiten verschlechtern könnte; oder wir sind um einen Vorteil besorgt, den unser Feind über uns erlangen könnte. In beiden Fällen sind wir um Ereignisse besorgt, die in der Zeit geschehen können. Der ängstliche menschliche Geist ist ein auf die Zeit fokussierter Geist. Ein solcher menschlicher Geist malt sich ständig Bilder von für sich unerwünschten Ereignissen. Es ist ein Geist, der stets rückwärts oder vorwärts schaut, und sich nicht auf das „Hier-Jetzt", den gegenwärtigen Moment, bezieht. Es ist ein Geist, der nicht verstehen kann, warum Jesus Christus sagte, „sorget nicht für den anderen Morgen". Es ist ein Geist, der die Ewigkeit mit einer sich ewig dehnenden Linie der Zeit verwechselt. Es ist ein Geist, der unfähig ist, weder Zeit noch Ewigkeit zu verstehen.

Aber glücklicherweise haben wir einen weiteren Geist, den wir den „Höheren Geist" nennen, den Geist, der nicht nach unten an die zeitliche Abfolge der Ereignisse gebunden ist, den Geist, der in gewissen Momenten der Einsicht die wahre Natur von Zeit und Ewigkeit intuitiv erfassen kann. Und dieser höhere Geist ist nicht um den morgigen Tag besorgt.

Wir haben zwei Geister, den linear denkenden Geist (Verstand), der seine Ideen, eine nach der anderen, in Sequenzen erfährt; und einen Muster begreifenden Geist, der all seine Ideen in einer Augenblicklichkeit erfasst hält. Der linear denkende Geist ist unser Zeit-Verstand. Der Muster begreifende Geist ist unser ewiger Geist. Diese beiden Geister handeln auf ganz verschiedene Weise und kommen durch ihre Handlungen zu ganz verschiedenen Ergebnissen. Der Zeitverstand ist von Angst durchdrungen; der Ewige Geist lebt in stillem Glauben.

Wir können unser Leben in dem einen oder dem anderen Geist leben. Wählen wir, uns nur mit den Dingen der Zeit zu befassen, fesseln wir uns damit an die Ängste, welche die natürlichen Begleiter des Zeitdenkens sind. Wählen wir, im Bewusstsein der Ewigkeit zu leben, welches wir den „Geist Christi" nennen, so sind wir über die Ängste des Zeitprozesses in die Ewige Präsenz Gottes erhoben. In dieser Gegenwart ist unser Glauben vollständig. Wir verstehen, dass wir in diesem „Geist der Ewigkeit" die Gewissheit Gottes Ewiger Präsenz mit Christi teilen.

In diesem „Geist der Ewigkeit" erfassen wir die reale Bedeutung der Aussage „Zeit ist das bewegte Abbild der Ewigkeit". Wir realisieren, dass die Sequenz der Zeit-Ereignisse nichts als eine Abstraktion der unendlichen Möglichkeiten der Ewigkeit ist; sie werden uns getrennt präsentiert, damit wir unsere Motive prüfen können, die Tiefe unserer Seelen erforschen und herausfinden, welche Art von Wesen wir werden wollen. Dann können wir die Zeit sehen, wie sie wirklich ist – eine begrenzte Periode des Prüfens, die jeder Seele gegeben wurde, sodass jede Seele für sich selbst, durch ihre eigene Wahl, gestalten kann, welche Art von Wesen sie sein will, in alle Ewigkeit.

Siebentes Kapitel

Wir sind hier in der Zeit, um zu wählen, welche Art von Wesen wir *werden* wollen. Letztendlich wird unser Wesen das sein, zu was die Gesamtheit unserer Wahlen es gemacht hat. Davon gibt es kein Entkommen. Jede Wahl, die wir treffen, verändert auf gewisse Weise unseren Charakter. Der *Charakter* ist das Resultat unserer Wahlen. So wie wir wählen, modellieren wir uns selbst, unsere Körper, Geister und Seelen. Genau wie wir, wenn wir wiederholt eine physische Handlung ausführen, unseren Körper prädisponieren, fähig zu werden, diese Handlung auszuführen (wie wir es durch die Ergebnisse physischer Übungen belegt finden), so prädisponieren wir auch unseren menschlichen Geist, wenn wir wiederholt in einer bestimmten Weise denken, mehr und mehr in dieser Weise zu denken.

Wir konditionieren unseren physischen Körper, indem wir bestimmte physische Handlungen ausführen. Wir konditionieren unseren Geist (Verstand) auf eine bestimmte Denkweise, indem wir auf eine bestimmte Art und Weise denken. Wie konditionieren wir unsere Seele? Indem wir über das, was wir denken und tun, in bestimmter Weise *fühlen*, indem wir das, was wir denken und tun, *mögen* oder *nicht mögen* oder indem wir uns erlauben, *gleichgültig* gegenüber unseren Gedanken und Handlungen zu sein.

Unsere Seele ist essentiell ein *fühlendes* Wesen, das Einstellungen des Mögens, Nichtmögens und der Gleichgültigkeit gegenüber dem, was ihr begegnet, einnehmen kann. Von diesen drei Einstellungen ist die der Gleichgültigkeit im Buch der Offenbarungen strengstens verdammt; dort wird den Laodizenern gesagt: „Ich weiß deine Werke, dass du weder kalt noch warm bist; Ach, das du kalt oder warm wärest! Weil du aber lau bist und weder kalt noch warm, werde ich dich ausspeien aus meinem Munde." So spricht Gott zu den Gleichgültigen, den Lauen. Warum sollte Gott die Gleichgültigkeit so betrachten?

Wenn wir gleichgütig sind, fließt unsere Energie nicht, wie sie sollte, durch unser Wesen. Gleichgültigkeit ist das Verfehlen, uns zu einem Kurs oder einem anderen zu *bekennen*. Wenn wir uns zu einem Handlungskurs bekennen, *mobilisieren* wir *unsere Energien*, beleben wir uns, vitalisieren wir unseren Körper und Geist und unsere Seele. Wann immer wir uns „erwärmen", also intensives Interesse an etwas fühlen; oder „erkalten", also starke Opposition gegenüber etwas fühlen, leben wir intensiver, mobilisieren wir unseren „Spirit". Unser Leben ist auf dem Weg zu einer größeren Fülle an Erfahrung, wodurch wir mehr über uns selbst *lernen* sowie über die Welt und alle Dinge in ihr.

Aber Lauheit und Gleichgültigkeit vitalisieren uns nicht, mobilisieren unsere Energien nicht, beleben unseren Spirit nicht. Das Verharren in Gleichgültigkeit bedeutet Verlust von Lebenstrieb, Verlust eines Zieles. Es ist eine erste Stufe des Verlustes der Kraft, uns zu integrieren, ein erster Schritt zur Korruption unseres Wesens und der Verfehlung, ein wahrhaftiges Bezugszentrum für unsere Seele zu finden.

Manchmal hören wir, dass, wenn Gott alles weiß, Er jede Handlung kennt, die wir tun werden. Aber dies zu denken, heißt, Gottes Absicht für die Menschheit zu missverstehen. Sicherlich kennt Gott die Unendlichkeit der Handlungsmöglichkeiten, die uns offenstehen, aber Er hat uns mit dem Geschenk des Spirits die Kapazität des freien Willens gegeben und Er will, dass wir diesen anwenden. Es bieten sich uns unendlich viele Handlungsmöglichkeiten, und alle diese kennt Gott, und Er kennt auch die jeweiligen Resultate, wenn wir einer dieser Möglichkeiten folgen. Doch Er hat uns die Macht zum *Wählen* gegeben, welchen dieser Handlungsmöglichkeiten wir folgen mögen, welchen dieser Wege wir aktivieren mögen. Denn Gott hat ein Ziel für uns. Er will, dass wir werden, wie Er ist. „Darum sollt ihr vollkommen sein, gleichwie euer Vater im Himmel vollkommen ist", sagt Jesu Christi.

Aber wie können wir so vollkommen werden wie Gott ist? Gott ist unbegrenzt und wir sind begrenzt. Er ist der allmächtige Schöpfer und wir sind nur Geschöpfe. Doch Christus hätte uns nicht geboten, etwas zu sein, das jenseits unserer Kapazität liegt. Es muss einen Weg geben, auf welchem die Vollkommenheit Gottes für uns erreichbar ist. Worin besteht Gottes Vollkommenheit?

Zunächst müssen wir erkennen, dass Gott Gott ist, aufgrund einer bestimmten Qualität, die Er hat und die Er für Sich *will*. Gott ist vor allen Dingen selbst-konsistent. Höchste Selbst-Konsistenz ist die Charakteristik Gottes. Aus dieser Selbst-Konsistenz folgt das Gleichnis „Gott ist Liebe"; denn Selbst-Konsistenz ist der Grund der Liebe. Ohne Selbst-Konsistenz könnte Gott Sich nicht an Sich Selbst erinnern, noch an Sein heiliges Ziel für die Menschheit.

Können wir in diesem *Willen zur Selbst-Konsistenz* eine Möglichkeit sehen, wie Gott zu werden? Ja, denn unser Wille zur Selbst-Konsistenz ist eine Möglichkeit für uns. Sogar wenn wir Fehler machen, sogar wenn wir unser Ziel nicht erreichen, kann uns unser Wille zur Selbst-Konsistenz verbleiben und wiederholt von uns bekräftigt werden. Fehler oder Erfolg ist hier nicht die wichtige Sache. Die wichtige Sache ist der *Wille*. Es ist unser *Wille*, den Gott richten wird, nicht unsere tatsächliche Handlung. Ein Mensch, vielleicht durch einen Unfall oder durch Krankheit gelähmt, mag unfähig sein, seine Glieder physisch zu bewegen. Aber diese Behinderung sagt nichts über den Zustand seines *Willens*. Wenn er inmitten dieser Behinderung den Willen zu leben bewahrt, den Willen, einen Beitrag zum Leben zu leisten, ganz gleich wie klein, ist es dieser Wille, nach dem Gott ihn richten wird, nicht seine tatsächliche physische Handlung.

Wenn wir in Beziehung zu etwas wollen, wählen wir für unsere Seele eine bestimmte Richtung eher als eine andere. Die Möglichkeit der Wahl ist eine Eigenschaft des Willens. Wille und Wahl sind untrennbar miteinander verbunden. Wir können nicht wählen, es sei denn durch einen Akt des Willens. Wir können nicht wollen, ohne etwas zu wählen.

Jede Wahl, die wir treffen, basiert auf einem vom Wähler gemachten Urteil. „Denn mit welcherlei Gericht ihr richtet, werdet ihr gerichtet werden", sagt Christi. Das bedeutet, wenn wir richten, wenn wir wählen, richten und wählen wir uns selbst, die Art von Wesen zu sein, das solche Urteile, solche Wahlen trifft. Im Richten und Wählen *machen* wir uns selbst, bauen wir unser Wesen. Wir sind Selbst-Schöpfer. Am Ende ist eines Menschen Wesen das Produkt all seiner Urteile, all seiner Wahlen. Wie fühlen wir uns in uns selbst, wenn wir diese Wahrheit betrachten?

Es ist wahrscheinlich, dass wir uns zuerst nervös und schuldig fühlen, denn für eine begrenzte Kreatur ist es natürlich, Fehler zu machen, falsch zu wählen. So wie wir begrenzt sind, sind wir in Wissen und Macht begrenzt, und somit neigen unsere physischen Handlungen dazu, nicht vollkommen zu sein.

Aber wenn wir uns erinnern, dass es nicht unsere physischen Handlungen sind, nach denen wir gerichtet werden sollen, sondern *der Zustand unseres Willens,* während wir sie tun, mögen wir uns weniger nervös fühlen – denn wir wissen, dass, wenn wir scheitern, eine gute Handlung zu tun, dies nicht geschieht, weil wir gewillt sind, eine böse Handlung zu tun, sondern weil wir die Energie und Geistesgegenwart, die das Ausführen der guten Handlung von uns erforderte, nicht aufbringen konnten. Die meisten unserer falschen Handlungen sind nicht das Produkt eines bewussten bösen Willens, sondern das Resultat mangelnder Konzentration, mangelnden Weitblickes auf das, was solche Handlungen für uns in unserer Seele bedeuten.

Wenn ein Mensch den verderbenden Einfluss mutwilliger böser Taten und deren Resultate für seine Seele sehen könnte, würde er sich möglicherweise davor fürchten, sie auszuführen. Aber dann würde seine Wahl nur aus *Furcht* und nicht aus *Freiheit* resultieren, und Gott will, dass der Mensch frei wählt, und nicht nur aus Furcht. Gewiss, die Furcht des Herrn ist der Beginn der Weisheit, aber das Ende der Weisheit, das Ziel der Weisheit, ist nicht Furcht, sondern Liebe. „Die völlige Liebe treibet die Furcht aus."

Gott, in Seiner Allsicht, sieht die unendliche Anzahl der Wahlen, die der Mensch treffen kann, und Er sieht auch die Resultate, die Konsequenzen des Treffens dieser Wahlen. Aber Er verweigert dem Menschen die Möglichkeit nicht, einen gegebenen Handlungskurs zu wählen und dessen Konsequenzen zu erleiden oder sich derer zu erfreuen, denn es ist im Erleiden oder Erfreuen der Konsequenzen der Wahlen, dass der Mensch seinen Charakter in die Form bildet, die er für sich begehrt oder will. Die letztendliche Form und der Charakter eines Menschen werden das natürliche Resultat all seiner Wahlen sein.

Dies könnte sehr beängstigend sein, es sei denn, wir erinnern uns einer sehr wichtigen Tatsache. So wie die Wahlen, die wir treffen, unseren Charakter formen, reformieren die neuen Wahlen, die wir treffen, unseren Charakter. Das ist die Bedeutung der Reformation. Jede Wahl, die wir treffen, ist ein Urteil, *ein Gericht von der Seele gewollt.* Die Seele ist mit den Erinnerungen aller ihrer Urteile „möbliert". Früher oder später wird es ein „letztes Gericht" geben. Dies könnte zum Zeitpunkt des Todes einer Person geschehen, dem letzten zeitlichen Urteil des Erdenlebens eines Individuums, nach welchem seine Zeit-Erfahrung enden wird und die Seele die Ewigkeit betritt. An diesem Punkt bleibt dem Menschen keine Zeit für die „Reformation", um sich zu reformieren. Zu was auch immer er sich durch seine Wahlen im Leben gemacht hat, diese Art von Wesen ist er jetzt zum zeitlichen Ende seines Erdenlebens. Mit diesem Muster muss er jetzt die Ewigkeit betreten. In dem Moment, wenn der Tod eintritt, macht die Seele ihre letzte Zeit-Beurteilung von sich selbst, so wie sie ihre Wahlen geformt haben.

Aber bevor der Tod eintritt, während wir noch am Leben sind, können wir *unsere Einstellung (unser Gemüt) noch ändern*, können wir unsere gesamte Einstellung hinsichtlich unserer früheren Wahlen ändern. Wir können unseren grundlegenden *Willen* reformieren, die Art und Weise, in der wir die Welt, uns selbst und Gott betrachten, umfassend umgestalten. Dies ist richtig und angemessen, denn es ist nur unser Wille, den Gott in Seinem letzten Gericht beurteilen wird, wenn Er alle Menschen richten wird, nicht nach dem, was sie physisch getan haben, sondern nach dem Zustand ihres Willens, während sie es taten; nicht nach dem, was sie gedacht oder verstanden haben, sondern nach dem Zustand ihres Herzens, während sie es dachten oder verstanden.

Das eines Menschen letztes Zeit-Gericht über sich selbst in dem Moment vor seinem physischen Tod geschehen wird, ist sehr wahrscheinlich. Aber es gibt noch eine andere Möglichkeit. Es könnte so geschehen, dass sich ein Mensch vor dem Tode im Zeit-Prozess plötzlich Angesicht zu Angesicht mit dem Fakt Jesu Christi findet. Dies ist in der Bibel vorhergesagt, in der es heißt, dass Christus wiederkehren wird, und zwar zu einer Zeit, die kein Mensch vorherzusagen fähig ist. Dies gibt dem Letzten Gericht eine andere Bedeutung, nämlich die des Gerichts, das jeder Mensch von sich selbst macht, in dem Moment, in dem Christus ohne Warnung vor dem Menschen erscheint und der Mensch sich sagen muss: „Bis zu diesem Moment habe ich gewählt, auf eine bestimmte Weise zu leben; aber jetzt stehe ich Gottes Inkarnation von Angesicht zu Angesicht gegenüber. Bin ich froh, so gewählt zu haben, wie ich habe? Oder wünschte ich, anders gewählt zu haben? Und wenn anders, ist es aus Furcht vor Vergeltung oder aus Liebe, dass ich mich reformieren würde?"

Weil kein Mensch den Moment seiner möglichen Begegnung mit Jesu Christi kennt, mit dem reinkarnierten Gott, wird es ihm angeraten, jetzt zu wählen, welche Einstellung er gegenüber dieser Möglichkeit einnehmen wird. Denn durch die Wahrscheinlichkeit dieser Möglichkeit wird die Notwendigkeit unserer „Hier-und-Jetzt"-Reformierung offensichtlich.

Wir müssen uns daran erinnern, dass es nicht die tatsächliche, physische Handlung ist, nach welcher wir gerichtet werden sollen, sondern *der Zustand unseres Willens*. „Der Geist ist willig, aber das Fleisch ist schwach." Unser physischer Körper ist ein Erbe der Gesamtheit unserer Vorfahren. Er besitzt eine starke Tendenz, eher auf eine bestimmte Weise als auf eine andere zu handeln. Diese Tendenzen sind oftmals nicht leicht zu kontrollieren.

Achtes
Kapitel

In schwierigen Situationen die Ruhe zu bewahren ist nicht immer möglich. „Seinen Nächsten wie sich selbst zu lieben", wenn der Nächste sich sehr unangenehm verhalten hat, ist nicht ohne Schwierigkeiten. Der physische Körper neigt dazu, auf unangenehme Dinge in selbstschützender Weise zu reagieren, und vom Selbstschutz zur Aggression gegeneinander ist es oft nur ein kleiner Schritt.

Doch bei all den reaktiven Tendenzen unseres physischen Körpers sind es nicht diese als solche, nach denen wir gerichtet werden sollen, und es sind nicht diese als solche, die für uns wichtig sind. Was wichtig für uns ist, ist der *Zustand unseres Willens*, die Beschaffenheit unserer Seele als der Urheber unserer Motive.

Wo entspringen unsere persönlichen Handlungen? Sie entspringen dem innersten Zentrum unseres Wesens, in der tiefsten Tiefe der Seele, in den versteckten Nischen, in denen unser Wille ist, der Wille, der *nicht durch Äußeres konditioniert werden kann, ohne sich selbst diesem eigens hinzugeben.*

Der Wille ist die Seele in ihrer eigenen Macht der Selbstinitiation, Selbstimmobilisation und Selbstmobilisation. Der Wille kann sich stillhalten oder sich bewegen, ohne äußere Stimuli oder Beziehung zu jeglichen äußeren Dingen oder Situationen oder Ereignissen. Die Macht der Seele, Stille oder Bewegung in Beziehung zu sich selbst oder in Beziehung zu einer äußeren Situation zu wollen, zeigt, dass die Seele voll und ganz selbstverantwortlich für ihre Handlungen oder Nicht-Handlungen ist. Es ist diese totale Selbstverantwortlichkeit, die beides ist, die Basis der potentiellen Größe der Menschheit und ihrer potentiellen Degradierung. Da dies so ist, sind wir gut beraten, uns mehr und mehr den Fakt dieser innerlichsten Macht der Seele bewusst zu machen.

Wie tun wir dies? Wie werden wir des Faktes gewahr, dass *wir wirklich wählen*, welche Einstellung wir gegenüber einem Ereignis oder einem Ding oder einer Person einnehmen?

Es gibt einige Psychologen, die glauben oder *sagen*, dass sie glauben, dass wir *nicht* wählen, wie wir auf eine Situation oder auf jegliche Art der Stimulation, die wir empfangen, reagieren. Sie sagen, dass sie glauben, dass jede Handlung eines Menschen, wie die eines Tieres, durch die Natur des physischen Körpers, seine Chemie, elektrischen Eigenschaften etc. *konditioniert* ist, sowie durch die Natur der physischen Stimuli, die auf den Körper von außen einwirken. Wenn ihr Glauben wahr wäre, so würden sie unfähig sein, ihre Laborexperimente zu stoppen, unfähig zu wählen, ein Buch über ihre Arbeit und Erkenntnisse zu schreiben – oder es nicht zu schreiben.

Sie würden in ihren Handlungen völlig von den physischen, chemischen und elektrischen Prozessen, die in unseren Körpern ablaufen, und den äußeren Stimuli, die auf sie einwirken, beherrscht sein. Aber wenn wir ernsthaft in uns schauen, in die stillsten Tiefen unseres mentalen Lebens, wenn wir unsere inneren Prozesse sorgfältig untersuchen, finden wir, dass wir in einem gewissen Maße Kontrolle über das, was wir denken, und wie wir es denken, haben. Und wenn wir in einem *gewissen* Maße Kontrolle darüber haben, unabhängig davon, wie klein dieses Maß ist, dann sind wir nicht *absolut* durch unsere physischen, chemischen und elektrischen Körperprozesse konditioniert.

Doch wenn wir nicht absolut der Gnade dieser Prozesse ausgeliefert sind, dann tragen wir *den Samen des möglichen Wachstums zu größerer Freiheit* in uns. Wir können arbeiten, um unsere Freiheit zu mehren, unsere eigenen physischen, mentalen und psychischen Prozesse studieren. Wir können herausfinden, wie unser ganzes Wesen zu seinen Teilen in Beziehung steht und wie diese Teile untereinander innerhalb dieses Ganzen interagieren.

Wir können uns selbst lehren, unsere eigenen Prozesse zu beobachten, physisch, mental, psychisch und spirituell. Wir können damit beginnen, indem wir beobachten, wie wir tatsächlich gewisse physische Handlungen *ausführen*, und danach unsere *Begründung* dafür beobachten; wir können des Weiteren beobachten, wie wir in Bezug auf diese und in Bezug auf uns selbst *fühlen*, wenn wir diese ausführen und über diese nachdenken. Dann können wir in uns selbst den Geist („Spirit") suchen, der das Zentrum unserer Freiheit und Entschlusskraft (Initiative) ist.

Es gibt eine Methode, welche wir für unsere eigene Selbstuntersuchung anwenden können, eine schrittweise Annäherung an die Enthüllung unserer Potentiale, eine Folge von Schritten, die wir auf der Reise unserer Seele zu Perfektion und Freiheit gehen können. Wir wollen diese im Folgenden untersuchen.

Wir werden die einzelnen Schritte aufführen, um sie dann im Detail zu untersuchen. Der erste Schritt ist die Beobachtung unserer physischen Handlungen, sodass uns deutlich bewusst wird, was wir tatsächlich von Moment zu Moment *tun*. Der nächste Schritt ist die Beobachtung unserer Gefühle, der Zu- und Abneigungen und der emotionalen Tendenzen, die aus diesen hervorgehen. Der dritte Schritt ist die Beobachtung unserer mentalen Prozesse, der aufeinanderfolgenden Ideen, die durch unseren Geist fließen und unsere Aufmerksamkeit jetzt in diese und dann in jene Richtung lenken. Der vierte Schritt ist die Suche nach den Prinzipien, welche wir als Richtlinien für unsere mentalen, emotionalen und physischen Handlungen verwenden. Der fünfte Schritt ist, uns des Ursprungs der Entschlusskraft (Initiative) in unserem Leben gewahr zu werden, den Momenten, in denen wir tatsächlich *zwischen Alternativen wählen*. (Das ist ein sehr wichtiger Schritt.) Der sechste Schritt ist, zu beobachten, wie oft wir uns bewusst machen, alle vorhergehenden Schritte zu überschauen. Der siebente Schritt ist, zu wissen, ob wir der allwissenden Gegenwart Gottes, in dem wir unser Wesen und unser Leben haben, und in Seinen göttlichen Plan für uns vertrauen.

Sind wir uns einmal bewusst, dass diese Schritte der Selbstentwicklung notwendig sind, können wir damit beginnen, diese in ihrer richtigen Reihenfolge einen nach dem anderen auszuführen.

Schritt eins ist, uns der Handlungen unseres physischen Körpers gewahr zu werden, den tatsächlichen Dingen, die wir mit unserem Körper und seinen Teilen von Moment zu Moment tun. Wir betrachten jede Handlung, die wir ausführen, jede Geste, die wir machen, und nehmen deren Form und Charakter zur Kenntnis. Hier werden wir herausfinden, was es bedeutet, wenn wir sagen, dass *Bewusstsein ein Katalysator ist.* Es bedeutet, dass, wenn wir uns einer Handlung bewusst werden und deren nützliche oder nutzlose Natur, deren intelligente Absicht oder nicht intelligente Absichtslosigkeit zur Kenntnis nehmen, der bloße Fakt des Bewusstwerdens der Natur der

Handlung dazu führt, diese zu ändern. Es ist sehr schwierig, wenn wir uns dabei ertappen, etwas Dummes zu tun, unsere Handlungen nicht in irgendeiner Weise zu modifizieren.

Solange uns unsere Handlungen relativ unbewusst sind, können diese weiterhin in ihrer etablierten Weise operieren. Aber wenn wir uns eine Handlung genauer bewusst gemacht haben, bei deren Ausführung wir nicht gern gesehen werden würden, entweder von anderen oder von uns selbst in einem Spiegel, dann stellen wir fest, dass sich diese Handlung zu modifizieren neigt. Es ist klar, dass wir in uns eine Art von Bild von uns selbst haben, ein Bild von unserem Wesen, wie wir es gerne sehen wollen, sodass es akzeptierbar für uns ist.

Was ist der Ursprung dieses akzeptablen Bildes von uns selbst? Es stammt von unserer ursprünglichen Perfektion, der fehlerlosen Verfassung des Wesens, in der Gott unseren ersten menschlichen Vorfahren erschuf. Der Grund für unseren Glauben an mögliche Perfektion ist die Perfektion von Gott Selbst. Wenn Gott ein Ding erschafft, ist dieses stets perfekt, denn Er Selbst ist Perfektion. Er ist perfekt im Handeln, Fühlen, Denken und Willen, und produziert somit stets Dinge in exakter Übereinstimmung mit Seiner Absicht.

Wurde das erste menschliche Wesen perfekt erschaffen? Und wenn dem so ist, wie ist es in die Sünde gefallen? Um dies zu verstehen, müssen wir zuerst die Bedeutung der Freiheit erkennen.

Gott wollte nicht, dass das erste menschliche Wesen eine vernunftlose Maschine ist, unfähig, andere Handlungen als in sie einprogrammierte auszuführen. Gott hat den Menschen nicht erschaffen wie der Mensch den Computer, des Ungehorsams völlig unfähig zu sein. Heute gibt es viele, die die Idee von einem Computer akzeptiert haben, wie sie von gewissen Science-Fiction-Autoren hervorgebracht wurde, die die Menschen gerne davon überzeugen und damit fürchten, dass Computer intelligent seien und letztlich ihre Erschaffer überwältigen und die Welt übernehmen könnten, wobei sie den Menschen zu ewiger Sklaverei reduzieren. Doch ein richtig konstruierter Computer ist nicht intelligent, obwohl er intelligent gestaltete Handlungsmuster einprogrammiert haben mag. Wenn ein Computer korrekt funktioniert, so *kann* er den eingegebenen

Instruktionen gegenüber *nicht ungehorsam sein*. Der Computer hat *keinen freien Willen*.

Aber Gott hat dem Menschen den Geist eingehaucht, welcher dem Menschen die Macht der freien Wahl übertrug, und mit dieser Macht die Fähigkeit, *falsch* als auch richtig zu wählen. Viele sind von der Idee verwirrt, dass Gott dem Menschen die Fähigkeit gab, das *Falsche* zu tun. Aber wenn wir sorgfältig nachdenken, werden wir sehen, dass, wenn dem Menschen der freie Wille nicht gegeben worden wäre, er eine Maschine wäre, ein Organismus gänzlich jedem Stimulus ausgeliefert, der auf ihn eintrifft. Doch wenn ihm ein *freier Wille* gegeben wurde, so muss er notwendigerweise in der Lage sein, den ihm gegebenen Instruktionen gegenüber *ungehorsam zu sein*. Entweder ist der Mensch völlig unfrei, oder, wenn er frei wählen kann, so muss er logischerweise in der Lage sein, nicht nur richtig, sondern auch falsch zu wählen. Dies ist der Preis, den Gott für den Vorzug zahlen muss, freie Wesen anstelle von mechanischen Marionetten zu schöpfen.

Es ist diese Freiheit, die Gott mit Seinem Geist in uns hauchte, welche die Ursache der Möglichkeit des Menschen Fall in Sünde und Verfehlung ist. Sie ist auch die endgültige Garantie der Möglichkeit seiner Reklamation und Neuetablierung seiner verlorenen Perfektion.

Durch das Gewahrwerden der Handlungen des physischen Körpers und der Unzufriedenheit, die wir in uns erfahren, werden wir uns bewusst, dass wir in uns einen Sinn für Perfektion haben, der der Tiefe unseres Wesens entspringt. Was wir einst hatten, können wir wieder erobern, wenn wir die Wahl, die uns zu dessen Verlust führte, umkehren. Durch die Wahl, Gottes Gebot zu missachten, fiel unser erster Vorfahre in die Knechtschaft der äußeren Dinge der Welt. Er verlor das Bewusstsein seiner innersten Freiheit des Willens und fiel unter die Herrschaft der Stimuli, die dem Körper Vergnügen und Schmerz bereiten. Er würde sich nun einem Prozess des Erwerbens von mehr und mehr Erfahrungen der Dinge der äußeren Welt unterziehen müssen, um das Vergnügen und den Schmerz zu fühlen, den ihm solche materiellen Dinge aufzwängen können, bis er endlich zu sehen beginnt, dass er eine Form der Transzendierung von Vergnügen und Schmerz erreichen muss, um sich von deren Diktatur über seine Freiheit zu befreien.

Dies führt uns zur Erwägung unseres zweiten Schrittes, dem Beobachten unserer Gefühle der Zuneigung und Abneigung und der emotional getriebenen Tendenzen, aufgrund solcher Gefühle zu handeln. In diesem Prozess tun wir nichts anderes, als das Entstehen und Auflösen unserer Zu- und Abneigungen zu beobachten sowie die Bedingungen zur Kenntnis zu nehmen, unter welchen diese entstehen. Bei der Ausführung dieser Übung werden wir herausfinden, dass sich unsere Gefühle von Moment zu Moment ändern, in Korrespondenz mit den im Verstand aufkommenden Ideen, einige auf bewussten und einige auf unbewussten Ebenen.

Die uns bewussten Ideen sind üblicherweise an einen gewissen Grad der Zu- oder Abneigung gebunden; wir können diese bewusst fühlen und meinen zu glauben, einen „Grund" dafür zu haben. Einige unserer Zu- und Abneigungen entstehen jedoch ohne damit korrespondierende Ideen. Aufgrund solcher Gefühle glauben wir, dass wir in uns einen *unbewussten Geist* haben, Gedanken denkend, deren wir uns nicht bewusst sind, Gedanken, vielleicht zu geheim, um sie in unser Bewusstsein zu erlauben, im Falle, dass wir sie zufällig gegenüber jemandem erwähnen, der durch sie verärgert sein könnte; oder Gedanken, die zu Erfahrungen oder Ereignissen gehören, an die zu denken zu schmerzvoll wäre.

Durch sorgfältiges und genaues Beobachten unserer Zuneigungen und Abneigungen werden wir uns bewusst, dass wir unaufhörlich von emotionalen Energien bewegt werden, die durch Gefühle von Zu- und Abneigungen hervorgerufen werden. Einige dieser emotionalen Energien werden von mehr oder weniger klaren Ideen begleitet, doch andere können ohne eine bewusst damit korrespondierende Idee durch uns hindurchwallen. Diese zweite Art von Energien sind oft der Grund impulsiver Aktivitäten, die wir später bereuen. Aber wie zuvor gesagt, *Bewusstsein ist ein Katalysator*. Wenn wir fortfahren, unsere Gefühle und Emotionen, unsere Zu- und Abneigungen genau zu beobachten, werden sich diese zu ändern beginnen, da sie nicht immer zu unserem inneren Sinn der Perfektion passen.

Neuntes
Kapitel

Unser *akzeptables Bild* von uns selbst stammt von unserer ursprünglichen Perfektion, die uns im Moment unserer Erschaffung von Gott gegeben wurde. Unsere *Perfektion* gründet sich in Gottes *Pre*-fektion, d. h. in der Perfektion Gottes vor dem Beginn des Prozesses, welchen wir die Bewegung der Zeit nennen. Gott ist ewige Selbst-Präsenz, simultane Selbst-Aktivität des unbegrenzten Geistes, perfekt in Seiner Augenblicklichkeit Seines Willens. Zeit ist das Ausspielen der Simultaneität Gottes in einer Sequenz einzelner Aktivitäten. Was für die Menschheit in dessen unendlichen Muster unbegreiflich sein würde, die Gesamtheit des Göttlichen Plans, wird durch dessen Präsentation in Abfolgen einzelner Aktionsmomente begreiflich – Momente, die in ihrer Totalität am Ende das Muster der menschlichen Geschichte und des kosmischen Evolutionsprozesses darstellen werden.

Die *Per*fektion der Menschheit, wenn diese letztlich erreicht ist, wird die Pre-fektion, die *Vor-der-Zeit- Perfektion* des Ewigen Göttlichen Geistes sein. Um diese Perfektion zu erreichen, müssen wir, in der uns gegebenen Ordnung, durch die Stufen der evolutionären Entwicklung der Menschheit gehen. Wir können keinen Schritt auslassen, ohne eine Gelegenheit zu versäumen, eine Ebene des Selbstverständnisses zu erreichen.

Wenn wir die Aktionen und Reaktionen unseres physischen Körpers und unsere Zu- und Abneigungen beobachtet haben, können wir dazu übergehen, unsere mentalen Prozesse zu beobachten, die wir „Denken" nennen. Denken ist die Präsentation von Ideen, eine nach der anderen, in dem von uns sogenannten „seriellen" oder sequenziellen Prozess. Dieser Aspekt der Aktivität des Menschen birgt eine gewisse Ähnlichkeit mit den Prozessen, die im Computer ablaufen, welcher „wiedergibt", was immer in ihn einprogrammiert wurde.

Aber ein Mensch ist *kein* Computer. Ein Computer kann gegenüber den ihm eingegebenen Instruktionen nicht *ungehorsam* sein. Ein Rechner (Computer) wurde hergestellt, um die ihm gegebenen

Informationen zu berechnen („to compute"). Er wird nicht dazu hergestellt, willkürlich zu handeln. Ein Computer kann seine Handlungen nicht frei wählen, ohne Referenz zu den ihm eingegebenen Daten. So kann ein Computer nicht frei entscheiden, sich seinem Macher als ein Opfer darzubringen. Ein Computer ist kein freies spirituelles Wesen.

Aber ein *Mensch* ist ein freies spirituelles Wesen und kann sich somit weigern, ihm gegebene Informationen in Erwägung zu ziehen. Er ist nicht unausweichlich dazu gezwungen, die ihm von seiner Umgebung eingegebenen Daten in einer starren Weise zu bearbeiten und auf sie in absehbarer Weise zu reagieren. Der Mensch kann ihm angebotene Daten ignorieren, kann etwas, das ihm gesagt wurde, verdrehen und falsch darstellen, und irrelevante Erwiderungen geben – etwas Unmögliches für einen funktionstüchtigen Computer.

Wenn wir unsere mentalen Prozesse beobachten, die *aufeinander folgend* durch unseren Verstand fließenden Ideen, werden wir schnell bemerken, dass diese einander nicht immer in einer strikten logischen Ordnung folgen. Sie springen von einem Thema zum anderen, verwerfen einen Gedankengang für einen anderen, machen plötzliche Abschweifungen oder irrende Assoziationen, und verhalten sich im Allgemeinen, als ob sie von keiner zielbewussten Person beaufsichtigt würden. Warum ist dies so?

Wir beziehen den Inhalt unseres Verstandes von zwei Quellen, von außen und von innen. Von außen, durch unsere Sinnesorgane, gewinnen wir Informationen über die Dinge, Ereignisse und ihre Beziehungen, so wie sie in der uns umgebenden Welt erscheinen. Von innen gewinnen wir Empfindungen unseres physischen Körpers und seiner Organe, Gewebe und Zellen, und deren unterschiedlichen Spannungszuständen und Funktionsprozesse. Außerdem beeinflussen uns unsere unkontrollierte Vorstellungskraft, unsere verborgenen Hoffnungen und Befürchtungen sowie unbewussten Erinnerungen vergangener Vergnügen und Schmerzen.

Unser Verstand präsentiert sich uns also als ein Treffpunkt zweier Welten und zweier Zeiten. Hier präsentieren sich die Dinge der äußeren Welt als Darstellungen oder mentale Bilder externer *gegenwärtiger* Fakten und kommen, bewusst oder unbewusst, mit

Bildern von *nicht länger gegenwärtigen* Dingen der uns umgebenden physischen Welt in Kontakt, welche jedoch abgeleitet sind, einige von vergangenen physischen Fakten und andere von vergangenen eingebildeten Aktivitäten. Im mentalen Prozess treffen gegenwärtige Fakten auf vergangene Fakten und Fantasien, und es ist oft schwierig, die Vergangenheit von der Gegenwart zu trennen.

Was sind die Ursachen der hohen Komplexität unseres mentalen Lebens? In unserem Verstand befinden sich Bilder gegenwärtiger Aktivitäten unserer Sinnesorgane, visuelle Bilder von unseren Augen, akustische Abbilder von unseren Ohren usw. Wir empfangen einige Informationen durch alle unsere fünf Sinnesorgane und einige durch unsere allgemeine Feinfühligkeit, Wärme- oder Kältegefühle verschiedener Grade der Intensität und verschiedener Grade des Vergnügens und Schmerzes, des Behagens oder Unbehagens, der Leichtigkeit oder deren Mangel. Und von innen wirken die Bilder der Vergangenheit und assoziierte Gefühle auf uns ein.

Alle diese mentalen Prozesse, Bilder und Gefühle können in jeder beliebigen Ordnung miteinander verbunden sein. Was bestimmt, welche Inhalte des Verstandes wachgerufen werden? Grundsätzlich sind es unsere *Interessen*, bewusste oder unbewusste.

Unsere bewussten Interessen sind dabei kaum ein Problem und sind relativ wenige in der Zahl. Es sind einfach die Dinge, Ereignisse und Beziehungen, welche unsere Aufmerksamkeit in jedem beliebigen Moment in Anspruch nehmen. Hier sind unsere mentalen Bilder durch ihre Relevanz für unsere bewussten Ziele oder Projekte miteinander verbunden. Gewöhnlicherweise haben sie mit unserer physischen Umgebung zu tun sowie der Wahrscheinlichkeit, uns entweder in naher Zukunft oder sofort nützlich zu sein.

Aber unsere unbewussten Interessen sind nicht alle so einfach. Unterhalb der bewussten Ebene unserer mentalen Prozesse gibt es unzählige Prozesse, die lange zuvor begannen, in Zeiträumen der Geschichte, die für eine bewusste Untersuchung nicht mehr leicht zugänglich sind. Sogar das einzelne Individuum hat im Unbewussten viele Prozesse, welche mit dem Aufstellen von Zielen begannen, die später aufgegeben wurden.

Wenn wir für uns ein Ziel definieren, dessen Erfüllung wir als lohnenswert erachten, und uns entscheiden, es zu verfolgen, setzen wir eine bestimmte Menge an Energie in eine bestimmte Richtung in Bewegung. Ist diese Energie einmal in Bewegung gesetzt, lässt diese nicht davon ab, sich in ihre definierte Richtung zu bewegen, bis wir sie bewusst und absichtlich von dieser Richtung entziehen. Jedoch kommt es nur selten vor, dass wir unsere Ziele bewusst neu untersuchen und definieren und die Energien, die wir diesen zugeeignet haben, absichtlich neu ausrichten. Eher neigen wir dazu, die Ziele aufzugeben, von denen wir aufgrund einiger Schwierigkeiten oder Hemmnisse zu dem Glauben gelangten, dass deren Erfüllung unmöglich sei, und neigen in der Regel nicht dazu, diese Ziele klar als definitiv aufzugebende zu definieren. Aufgrund dieses Mangels klarer Definition belassen wir diesen Zielen etwas von der ihnen ursprünglich zugewandten Energie, welche sich immer noch auf das ursprünglich definierte Ziel zubewegt.

Aber wenn ein definiertes Ziel nicht erreicht und die diesem Ziel gewidmete Energie nicht klar von dessen Verfolgung entzogen wurde, gibt die sich immer noch bewegende Energie Anlass zu einem Gefühl der Frustration innerhalb des unbewussten Geistes. Es ist die Ansammlung solcher Gefühle der Frustration, die zum Unbehagen und der Angst beiträgt, welche die Gemüter der zivilisierten Menschen so durchdringen.

Frustrierte Energie ist Energie, die Angstzustände speist.

In der Tiefe unseres unbewussten Geistes gibt es immer noch beharrlich wirkende Energien, die ursprünglich durch bewusst definierte Ziele der Vergangenheit in Bewegung gesetzt wurden. Diese Energien, obwohl in der Verfolgung ihres ursprünglichen Zieles blockiert, beenden ihre Aktivität nicht. Sie fahren fort, Wege zu ihrer Selbstrealisierung zu suchen, und da sie in jedem *direkten* Weg, Befriedigung zu erlangen, gehemmt sind, streben sie die Erfüllung ihres Zieles *indirekt* an.

Aufgrund ihrer *indirekten* Wege, Befriedigung zu suchen, etablieren diese unbewussten Energien Assoziationsverbindungen mit mentalen Inhalten, die sie normalerweise nicht herstellen würden. Blockiert in ihren naheliegendsten und logischsten Verbindungen knüpfen diese Energien weitläufigere und weniger offensichtliche Verbindungen, Verbindungen, die, in einer äußerlichen Analyse, ziemlich unlogisch erscheinen mögen. Hierin liegt die Erklärung des oft sogenannten irrationalen Verhaltens. Energien, die auf direkteren Wegen der Erreichung ihres Ziels blockiert sind, suchen weniger direkte Wege, manchmal sehr verschlungene Wege.

Wird der Weg zur Erreichung eines definierten Ziels weniger direkt, und somit verschlungener, erhöht sich die mit dem möglichen Scheitern assoziierte Angst. Die Angst und der Glaube an die Möglichkeit des Erreichens unserer Ziele sind eng miteinander verbunden.

Wenn wir beginnen, unserem Bewusstsein die Natur unserer mentalen Prozesse zu enthüllen, beginnen wir zu sehen, dass wir, um das Problem der Angst zu lösen, unsere vergangenen Ziele neu überprüfen müssen, um die Ziele, deren Realisierung unmöglich ist oder die der Realisierung nicht wert sind, zu eliminieren. Diese Neuüberprüfung vergangener Ziele beginnt, wenn wir anfangen, unsere mentalen Prozesse bewusst zu beobachten, denn im Beobachten von Ideen-Sequenzen beginnen wir Verbindungen zwischen Ideen und Gefühlen zu sehen, welche wir vorher nicht vermutet haben.

Wir beginnen zu sehen, dass in uns noch viele Ziele existieren, welche wir in der Vergangenheit formuliert und dann aufgegeben haben, ohne uns dies so in Klarheit zu sagen. Wir beginnen zu sehen, dass wir uns in der Vergangenheit, vielleicht von unserer frühesten Kindheit an, bestimmte Endziele gesetzt haben, welche wir niemals erfüllten; und wir beginnen zu sehen, dass diese unerfüllten Ziele in der Tiefe unserer Seele nicht aufgegeben wurden. Aufgrund der Hemmnisse in ihrer Realisierung haben wir aufgegeben, *mehr* Energie in sie zu investieren, aber *wir haben diesen die ursprüngliche Energie, welche wir in diese Ziele gesetzt haben, nicht völlig entzogen.* Diese Energie ist immer noch am Werk, Wege zur Erreichung ihres Zieles zu suchen, immer noch unbefriedigt, und somit immer noch frustriert und in einem Zustand der Angst.

Wenn wir diesen Grund der Angst verstehen und damit die Notwendigkeit des bewussten Aufgebens unrealisierbarer Ziele erfassen, erhält unser Studium unserer mentalen Prozesse einen stärkeren Impetus, denn wir werden erkennen, *dass die Angst abnimmt, wenn unrealisierbare Ziele freiwillig aufgegeben werden.*

Nun beginnen wir die Beziehung zwischen Angst und frustrierten Energien bewusst zu realisieren, und wir beginnen zu verstehen, dass wir durch die freiwillige Aufgabe der Ziele, die nicht erreicht werden können, *die der Realisierung solcher Ziele gewidmete Energie freisetzen können.*

Nachdem wir uns davon überzeugt haben, wollen wir damit beginnen, uns für das Studium des Lebens-Musters in seiner Ganzheit vorzubereiten. Wir werden sehen, dass nicht nur unsere eigenen Seelen von der Angst bedrängt sind, sondern auch die Seelen der Menschheit im Allgemeinen. Dann werden wir bereit sein, das Prinzip und das grundlegende Muster der Angst in uns selbst und im Universum als Ganzes zu studieren.

Dies bringt uns zum vierten Aspekt, den wir in uns suchen und beobachten – das Prinzip oder das Gesamtmuster unserer Handlungen, Gefühle und Gedanken. Ein Prinzip zu finden, heißt, ein vorherrschendes Konzept zu finden, welches das Muster unseres Lebens kontrolliert. Es ist ein solches Muster, das wir den *Sinn* unserer Handlungen, die Bedeutung unseres Lebens nennen.

Die Essenz des Sinnes ist das Muster. Die Essenz des Musters ist *die Beziehung der Teile zum Ganzen, die Beziehung des Ganzen zu seinen Teilen.* Wenn wir den Sinn des Lebens suchen, suchen wir die Art und Weise, in der alle verschiedenen Dinge und Ereignisse im Leben ein Muster bilden. Wir suchen die Art und Weise, in der alle verschiedenen Dinge und Ereignisse im Leben zueinander in Beziehung stehen und gemeinsam miteinander in Beziehung treten. Ein Muster in einem aus Energie erzeugten Universum ist das *Zusammenwirken von Kräften.* In einem Universum, das in seiner Essenz aus Energie besteht, schließt notwendigerweise jede angewandte Kraft einen Effekt auf alle anderen Kräfte ein. Demzufolge beeinflusst alles, was wir mit unseren Energien tun, notwendigerweise das, was alle anderen tun, und was alle anderen tun, muss das beeinflussen, was wir tun. Diese gegenseitige Wechselwirkung ist die Essenz der universellen Energien, die unser Wesen bilden.

Zehntes Kapitel

Der Egotismus mag die Aussage nicht, dass niemand den Folgen seiner Handlungen entkommen kann, dass es ein Gesetz der Aktion und Reaktion im Universum gibt, dem sich kein Mensch entziehen kann. „Die Rache ist Mein, Ich will vergelten, spricht der Herr."

Doch für den Nichtegotisten, für den Menschen, der harmonisch mit seinen Mitmenschen und mit Gott kooperieren will, bedeutet diese Aussage, dass alles in den Händen Gottes liegt. Wir brauchen uns nicht für Verletzungen, die uns von anderen zugefügt wurden, zu rächen. Das Gesetz des Universums wird dies tun, denn Gottes Wille ist die endgültige Ganzheit, die letztendliche Harmonie aller, die Sein Gesetz der schöpferischen Liebe akzeptieren.

Ein großer Teil der Angst der Menschen erwächst aus dem Verlangen, gegen Personen zu handeln, die die Erfüllung der eigenen Begierden einschränken, und aus Furcht vor Vergeltung, falls man so handelt. Darüber sollten wir uns klar sein. Im menschlichen Wesen gibt es gewisse Kräfte, die unentwegt dazu neigen, uns anzutreiben, den eigenen Willen durchzusetzen. Sie zeigen sich in Handlungen, die wir egotistisch nennen, in Verhaltensmustern, die offensichtlich oder subtil darauf zielen, die Aktivitäten anderer zu kontrollieren, um diese unseren eigenen Handlungsabsichten anzupassen.

Natürlich können wir sagen, dass Menschen diese Art von Manipulation nicht *bewusst* ausführen. Wir können auf die unter Psychologen anerkannte Idee des „unbewussten" Verstandes verweisen und dieser die Schuld für unser schlechtes Verhalten zuschreiben. Jedoch haben die Inhalte unseres „unbewussten" Verstandes verschiedene Quellen und einige dieser beziehen sich einschlägig auf uns. Betrachten wir nun die Idee des „Unbewussten" einmal näher, als wir dies üblicherweise tun.

Wir können die Inhalte des unbewussten Verstandes auf verschiedene Weise unterscheiden. Wir wissen, dass einige

Erinnerungen unserer Aktivitäten verblassen, da sie einfach nicht interessant genug und somit des Erinnerns nicht wert sind. Auch wissen wir, dass einige unserer Erinnerungen auf tatsächlichen physischen Erfahrungen beruhen, Erinnerungen schmerzvoller Krankheiten, welche uns unglücklich oder ängstlich machen, wenn wir diese ins Gedächtnis rufen. Solche Erinnerungen werden womöglich einfach deshalb unterdrückt, weil sie, wenn sie unkontrolliert im Gedächtnis wachgerufen würden, unsere physischen und mentalen Funktionen einschränken könnten, sodass wir nicht angemessen auf die reale Situation in der Gegenwart reagieren können.

Aber wir haben auch andere Arten von Erinnerungen, Erinnerungen unserer Intentionen, die unser Selbstbildnis irritieren, Erinnerungen an Begebenheiten, in denen unsere Einstellung gegenüber anderen Personen nicht den höchsten Idealen entsprach.

Wir denken nicht gerne von uns, dass wir für andere unakzeptabel sind; wir glauben ungern, dass andere Personen uns nicht mögen; und aus historischer Sicht haben wir gute Gründe dafür.

Wenn im Altertum ein Mitglied einer Gemeinschaft eine Handlung ausführte, die diese Gemeinschaft gefährdete, wurde dieses Mitglied bestraft, das heißt, *seine Macht wurde reduziert*, sodass es sich nicht länger frei in der Gruppe, zu der es gehörte, bewegen konnte.

Die Strafe variierte mit der Schwere des Verbrechens, das heißt dem Grad, zu welchem die Gemeinschaft glaubte, durch diese Handlung gefährdet wurden zu sein. In extremen Fällen war die Strafe der Tod, mit vorherigen Folterungen, die andere Gruppenmitglieder vom Begehen ähnlicher Vergehen abschrecken sollten. Weniger schwere Verbrechen konnten mit Verbannung von der Gruppe bestraft werden. Man gab Sokrates die Wahl zwischen Verbannung und Tod. Er wählte den Tod.

Wenn ein Mensch der altertümlichen Welt aus der Gemeinschaft verbannt wurde, waren die Chancen seines Überlebens stark reduziert. Er wurde außerhalb der Stadtmauern gebracht und so den Gefahren der Wildnis ausgesetzt, in der wilde Tiere ihn töten oder wandernde Ausgestoßene anderer Gemeinschaften ihn angreifen konnten.

Auch heute, wenn wir eine unakzeptable Handlung begehen, setzen wir uns immer noch der Gefahr aus, dass uns die Gemeinschaft mit unseren Mitmenschen verweigert wird; wenige können dieser Verweigerung standhalten und doch ihr inneres Gleichgewicht bewahren. Zwischenmenschliche Beziehungen sind für die meisten von uns essentiell für unser Wohlbefinden. Es gibt vielleicht einige wenige Individuen, die allein verbleiben und ihr mentales Gleichgewicht behalten können; vielleicht ein Yogi, der in einer hohen Berghöhle lebt, in tiefer Meditation über ein universelles Prinzip versunken, oder ein seltenes Individuum, welches sich allein der Kontemplation Gottes gewidmet hat. Aber für die meisten von uns führt der Weg menschlicher Entwicklung und Glückes über menschliche Beziehungen. Wenige Menschen können totale Isolation vom Rest der Menschheit lange ertragen.

Es ist darum nicht erstaunlich, das wir ungern von uns selbst denken, nicht akzeptierbar für die Menschheit im Ganzen oder für eine bestimmte Gemeinschaft oder Gruppe zu sein. Mit weitgehender Gewissheit würden die meisten von uns ungern von denen abgelehnt werden, die wir uns als Freunde wünschen. In diesem Zusammenhang wird, im Allgemeinen, das Problem der inneren Schuld im Wesentlichen wichtig.

Damit eine menschliche Gemeinschaft innerhalb ihrer schützenden Stadtmauern sicher ist, musste es einen bestimmten Grad der Harmonie zwischen ihren Mitgliedern geben. Streit zwischen Personen durfte ein Ausmaß, das die Einheit der kommunalen Gemeinschaft gefährdete, nicht überschreiten. In der Geschichte finden wir zahlreiche Beispiele, in denen Disharmonien zwischen Familien oder Stämmen zu deren Umsturz durch externe Feinde führten. Die altertümlichen Briten wären ohne ihre eigenen internen Unstimmigkeiten nicht von den einfallenden Römern geschlagen worden. Die schottischen Klane wären nicht von den Engländern überwältigt worden, hätten sie nicht ihre eigenen inneren Streitigkeiten gehabt. Die interne Harmonie einer Gruppe ist essentiell für deren Überleben.

Somit wird deutlich, dass die Gemeinschaft gefährdet ist, wenn ein Streit zwischen Personen zu dem Verlangen nach Rache führt. Deshalb haben Rachegedanken die Tendenz, verborgen zu sein und in das Unbewusste verdrängt zu werden. Wir alle wissen, dass Rache erneute Gegengewalt erzeugt. Wir alle wissen, dass persönliche Unstimmigkeiten familiäre Unstimmigkeiten werden können, dass Disharmonien der Familie zu kommunalen Konflikten führen können und dass diese internationale Kriege verursachen können. Heute wissen wir auch, dass internationale Kriege zur Zerstörung der Menschheit führen können.

Aufgrund dieses „unbewussten" Wissens geben wir gegenüber anderen Personen nicht gerne unsere Absicht zu, uns für empfangene Verletzungen rächen zu wollen. Rachsüchtige Personen werden von nahezu jedermann gefürchtet. Aufgrund dieser Tatsache geben wir ungern zu, sogar gegenüber uns selbst, dass wir überhaupt eine Neigung dazu haben, nachtragend zu sein. Wir wissen, dass Rache erneute Vergeltung verursacht. Ungern denken wir über uns als eine Person, die eine Handlung initiiert hat, die zur Vergeltung gegen uns führen könnte.

Hierin liegt ein großer Teil unserer Angst begründet. Ein jeder von uns ist in einem gewissen Grad von anderen verletzt worden. Unsere Wege haben sich irgendwo gekreuzt und wir haben ein jeder des anderen Ziel behindert, und so einander bekämpft. Es ist nicht leicht für uns, die Anpassungen im Leben zu machen, die für ein harmonisches Zusammenleben notwendig sind. Und da es unangenehm ist, eingeschränkt zu sein, neigen wir dazu, uns verärgert zu fühlen.

Verärgerung neigt dazu, das Verlangen nach Rache zu erzeugen. Eine mögliche Vergeltung unserer Rachehandlung macht uns ängstlich. Angst erzeugt innere Angespanntheit. Verspannung verringert die Effizienz unseres Organismus. Verringerte Effizienz führt zur Reduzierung unserer Kapazität des Selbstschutzes. Reduzierte Kapazität des Selbstschutzes steigert unsere Nervosität. Wir haben ein Rad der Angst in unserer Seele geschaffen. Und dieses Rad wird sich schneller und schneller drehen, wenn wir keine Lösung für das Problem seiner Erzeugung finden. Was ist die Lösung?

Die Lösung liegt in den Worten „die völlige Liebe treibet die Furcht aus". Aber wie erzeugen wir völlige und perfekte Liebe in unserer Seele? Die Ängstlichen haben wenig Kraft zu lieben.

Zunächst müssen wir uns darüber klar werden, dass sich die Menschheit als Ganzes in der gleichen schlimmen Lage befindet. Furcht lauert in jedermanns unbewusstem Verstand. Wir sind alle Erben. Wir alle haben Vorfahren und ebenjene Substanz unserer Körper ist ein Teil des originalen Protoplasmas, demselben Gewebe unserer Vorfahren. Wir können der Tatsache nicht entgehen, *Tendenzen* zur Reaktion zu haben. Schon das neugeborene Baby demonstriert uns das Grundlegendste des menschlichen Verhaltens. Wir sehen sowohl Tränen als auch Lächeln, Selbstmitleid als auch Beherztheit. Das Baby kann uns im Kleinen zeigen, was wir von uns selbst wissen im Großen zu sein.

Das Gewebe unserer Körper, das Protoplasma, aus dem wir gemacht sind, ist nicht neu. Es kommt von unseren Eltern zu uns, welche es von ihren Eltern haben, die es wiederum von ihren Eltern empfangen haben, und so weiter zurück in der Geschichte bis hin zu unseren ersten Vorfahren. Dies ist in der Doktrin der „Erbsünde" impliziert. Unsere Substanz, unser Fleisch, ist einfach ein *Erbe oder Nachfolger* der Tendenzen unserer Vorfahren. Das Protoplasma, die Substanz unserer Körper, ist ein nahezu perfektes Aufzeichnungsmaterial. Es zeichnet nicht nur die Formen unserer Erlebnisse auf, sondern auch die Gefühle, Emotionen und Handlungstendenzen, die diese begleiten. Unsere physische Substanz gleicht einer Bibliothek von Schallplatten, die in jedem Moment bereit stehen, abgespielt zu werden und uns noch einmal die alten Töne wiederzugeben, die uralten Aussagen unserer Vorfahren.

Aber wir müssen die Schallplatten nicht auflegen und abspielen, nur weil wir sie in unserer Bibliothek haben. Wir haben die Wahl; wir können zwischen denen, die der Wiedergabe wert sind, und solchen, die es nicht sind, unterscheiden.

Unsere Vorfahren hatten nicht nur unglückliche Erlebnisse, mit Erinnerungen an Schmerz und Furcht und Rache. Sie erlebten auch ihre Augenblicke der Liebe, ihre Momente des Mutes und des gegenseitigen Vergebens; und diese Aufnahmen sind der Wiedergabe und des Zuhörens und der Zustimmung wert.

Wenn wir in uns hineinhören, werden wir die Wiedergabe der Aufnahmen hören, einige gut, einige schlecht. Dass diese

Aufzeichnungen in uns *vorhanden* sind, ist eine *Tatsache*. Dass *wir ihren Anweisungen nicht folgen müssen*, ist ebenfalls eine Tatsache. Wir besitzen in uns die gottgegebene Macht zu *wählen*, ihnen zuzuhören oder nicht, anhand ihrer Empfehlungen zu handeln oder nicht. *Das Göttliche Wesen in uns ist unsere Freiheit*. Und diese Freiheit in uns, völlig realisiert, ist die völlige Liebe, welche die Furcht austreibt. Warum treibt die völlige Liebe die Furcht aus? Hierin liegt das größte Mysterium der Welt verborgen, das Mysterium des *Opfers*.

In Gott, der unendliche Macht ist, sind Liebe und Vernunft absolut eins. Seine Vernunft ist die Vernunft der Liebe, Seine Liebe ist die Liebe der Vernunft. Hier ist „Vernunft" („Rea- son") identisch mit *perfekter Gerechtigkeit*. „Er, der uns richtet, ist Er, der uns machte." Er, der uns machte, kennt uns absolut, äußerlich und innerlich, *weil* Er uns machte. Er weiß, dass *erschaffen* zu sein bedeutet, e*ndlich (begrenzt)* zu sein und unserem Wesen *Limitationen (Grenzen)* aufzuerlegen. Er Selbst ist unendlich, unbegrenzt in jeder Hinsicht. Er kann keine Fehler machen, denn Er hat unbegrenztes Wissen und unendliche Macht. Er weiß, dass Kreaturen, welcher Art auch immer, in Macht und Wissen begrenzt sind. Darum weiß Er, dass sie eine *Möglichkeit* des Verfehlens sind; eine *Möglichkeit*, keine *Notwendigkeit*.

Gott schuf den Menschen und gab ihm die Kapazität der freien Wahl. Diese Kapazität zur Freiheit ist des Menschen größtes Geschenk, die Grundlage seines Anspruches auf menschliche Würde und Gnade. Es ist auch seine größte Gefahr, denn er kann, wenn er so will, wählen, sich gegen seine Freiheit aufzulehnen, denn Freiheit schließt die *Verantwortlichkeit* für sich selbst und die eigenen Handlungen ein.

Das Gefühl der Verantwortlichkeit lastet schwer auf der menschlichen Seele, denn es zeigt ihr, dass es eine über den Menschen erhabene Macht gibt, eine Macht, die ihn für seine Handlungen und für deren Auswirkungen auf andere Kreaturen zur Verantwortung ziehen kann. „Was ihr getan habt einem unter diesen Meinen geringsten Brüdern, das habt ihr Mir getan", sagt der inkarnierte Gott.

Die Welt gleicht dem nahtlosen Gewand Christi. *Wir können nirgendwo daran ziehen, ohne überall daran zu ziehen.* Das Universum ist ein Kraft-Kontinuum, ein teilloses Ganzes. Eine Handlung irgendwo im Universum bedeutet eine Handlung überall.

Als Kain auf Gottes Annahme der Opfergabe Abels wütend wurde, vergaß Kain zeitweilig *Das Große Gesetz des Nahtlosen Gewandes*. In diesem Moment vergaß er die gegenseitig abhängige Nahtlosigkeit („Interdependenz") aller Dinge und tötete seinen Bruder. Als er die Kontrolle über sich selbst wiedergewann und sah, was er getan hatte, rief er aus: „Zu groß ist meine Strafe, als dass ich sie tragen kann!"

Elftes Kapitel

Warum sagte Kain: „Zu groß ist meine Strafe, als dass ich sie tragen kann"? Wie konnte er wissen, dass sein Bruder nun tot war? Abel *erwiderte* einfach nichts mehr auf das, was ihm gesagt oder getan wurde. Die Toten erwidern uns nichts. Der Körper des Toten liegt träge, inaktiv, unbeweglich. Der Tod demonstriert uns unsere eigene Isolation, unsere eigene Beziehungsunfähigkeit.

Die Toten kommunizieren nicht mit uns. Die Toten geben uns kein Feedback, beantworten keine Fragen. In der Gegenwart der Toten fühlen wir unseren eigenen, kommenden Tod, der wie ein Geist an unserer linken Seite steht und uns von unserem zukünftigen Nicht-Sein flüstert. Als Kain Abel tötete, sah er den Moment seines eigenen zukünftigen Todes, seine eigene Abgeschnittenheit von menschlicher Kommunikation, der Kommunikation, welche das unentbehrliche Wesen des menschlichen Lebens ist.

Vor dem Tod Abels begriff Kain die volle Bedeutung der *Kommunikation* nicht. Wenn er den Wunsch verspürte, mit seinem Bruder zu reden, tat er es; wenn er wünschte, still zu bleiben, dann tat er es; wenn er wieder sprechen wollte, tat er es. Aber nach dem Tode Abels, als Kain sprechen wollte, erwiderte sein Bruder nichts. Kain stand allein in schrecklicher Selbstisolation. Der Tod seines Bruders zwang die Bedeutung der Kommunikation in Kains Bewusstsein. *Der Tod Abels war ein Opfer*. Es ist etwas dadurch bewirkt wurden, das in keiner anderen Weise hätte bewirkt werden können. Der Tod Abels war eine erste Vorahnung des Todes Jesu Christi, eine erste Andeutung der wunderbaren Wirksamkeit des Mysteriums des Opfers.

Menschliche Individuen, die mit ihren physischen Körpern identifiziert sind, verteidigen sich gewöhnlich gegen die auf sie gezielten äußeren Angriffe, gegen schmerzvolle oder unangenehme Handlungen anderer Individuen sowie unerwünschte Ereignisse in der sie umgebenden Welt. Einige der Angriffe finden tatsächlich in gegenwärtigen Momenten statt, doch viele davon nicht; viele davon sind nur Möglichkeiten in der Zukunft. Doch ob gegenwärtige oder zukünftige, reale oder eingebildete Angriffe – sie alle neigen dazu, Reaktionen der Verteidigung zu provozieren, und auf Annahmen beruhende Reaktionen der Verteidigung können leicht zu Aggressionen werden.

Natürlich kann die Erwartung des möglichen Erfordernisses sich zu verteidigen zu Verspannungszuständen des Gemütes und Körpers führen, und diese tendieren weiter in Richtung der Isolation. Das Gemüt auf der Hut vor möglichem Schaden ist ein Gemüt, das von einer Verteidigungsmauer wachsamer Energie umgeben ist. Das defensive Gemüt ist ein isoliertes Gemüt, ein abgeschnittenes Gemüt, ein von seinen eigenen höchsten Funktionen entfremdetes Gemüt.

Um als Mensch am effizientesten und wirksamsten zu sein, muss man *mit sich selbst kommunizieren*. Selbst-Kommunikation ist für das gesunde Funktionieren des menschlichen Organismus wesentlich. Unseren unterschiedlichen Funktionen muss die gegenseitige Wechselwirkung erlaubt sein. Unser Denken, Fühlen und Wollen kann nur in wechselseitiger Beziehung miteinander effizient sein.

Wenn wir denken, formulieren wir Ideen und Beziehungen zwischen diesen Ideen. Wenn wir fühlen, bestimmen wir den Wert dieser Ideen und Beziehungen im Hinblick auf Zu- und Abneigungen. Wenn wir wollen, bringen wir das Resultat unserer Bewertung unserer Ideen und Beziehungen tatsächlich zum Ausdruck. Nur in der Kommunikation zwischen unserem Denken, Fühlen und Willen können wir unser Leben in seiner Fülle leben.

Aber wir leben nicht für uns allein und wir können es auch nicht. Wird unser Denken von den Gedanken anderer isoliert, verliert es den Kontakt mit dem Entwicklungsprozess der menschlichen Evolution und verarmt. Wird unser Fühlen von den Gefühlsbewertungen anderer getrennt, verliert es seine Vitalität. Verliert unser Wille seine Beziehung zu den gewollten Handlungen anderer, verliert er seine Dynamik. Wir brauchen die Anregung der Gedanken, Gefühle und des Willens unserer Mitmenschen. Ohne diese können wir das System der gegenseitigen Befruchtung der Geister und Körper nicht entwickeln, welches für unser Erreichen höherer und höherer Ebenen des Seins und Bewusstseins wesentlich ist; und wir können nicht am

Voranmarsch der Menschheit in ein sich stets ausdehnendes Universum neuer Einsichten und Freuden teilhaben.

Die Furcht, von anderen verletzt oder geschädigt zu werden, isoliert uns. Unsere gegenwärtigen Neurosen und Entfremdungen zeugen von dem Fakt unseres täglichen Lebens in einer Atmosphäre der Furcht. Wir erwarten Probleme voneinander, und in unserer Erwartung erschaffen wir diese. Wir neigen dazu, vom Anderen zu erwarten, aggressive Intentionen als Erster aufzugeben. Währenddessen achten wir darauf, unsere Verteidigung aufrechtzuerhalten, und sind uns dabei der gleichen Einstellung des anderen nicht bewusst. Wir brauchen etwas, das uns aus unserer selbstgeschaffenen Isolation herausreißt, etwas, das uns zu dem Gewahrsein zwingt, dass unseren Mitmenschen ihre Selbstisolation ebenso wenig bewusst ist. Wir brauchen ein Opfer, eine opfernde Handlung irgendeiner Art.

Wir müssen in der Lage sein, unsere defensiven Reaktionen auf die Geschicke des Lebens aufzugeben. Wir müssen fähig werden, uns selbst, unsere Seelen und unsere Körper, den „Pfeil und Schleudern" des täglichen Lebens auszusetzen. Entweder lernen wir, uns diesen preiszugeben, oder wir verbleiben in unserer Selbstisolation und müssen den Weg zum Tode allein gehen.

Als Abel von seinem Bruder getötet wurde, plante der Ermordete seinen Tod nicht, um Kain die Bedeutung der Isolation zu lehren, die Bedeutung des Nicht-Kommunizierens als Tor zur Selbstverarmung. Abel *erlitt* seinen Tod einfach; er gestaltete ihn nicht zielbewusst als eine liebende Geste für seinen Bruder.

Doch Jesu Christi starb am Kreuz, mit dem Vorsatz, der Menschheit zu zeigen, dass das Nicht-Kommunizieren der Tod ist, dass wir, um zu leben, miteinander kommunizieren müssen.

Wenn wir, um etwas zu erreichen, dessen Gegenteil tun müssen, nennen wir dies „Dialektik". Die Dialektik der Kreuzigung Christi ist, dass *Er, um uns den Weg zu leben zu lehren, uns den Weg zu sterben zeigen musste.* „Wer sein Leben zu retten sucht, wird es verlieren; und wer es verliert, wird es finden."

Gewöhnliche Menschen leben ein gewöhnliches Leben, weil sie dieses Prinzip nicht verstanden haben, diese *Dialektik des Opfers*. Jedoch lieben gewöhnliche Menschen es, die Aktivitäten außergewöhnlicher Personen mitzuerleben. Wir erfreuen uns an den herausragenden Leistungen großer Musiker, Künstler, Schriftsteller, Athleten, Entdecker, Astronauten und so weiter. Nicht immer machen wir uns bewusst, dass sie selbst wählen mussten, ein Leben des Opfers zu leben, um ihre herausragenden Leistungen zu vollbringen. Keine großen Errungenschaften wurden je ohne die Hingabe an einen Trainingsprozess erreicht, der *das Aufgeben von irgendetwas* einbezog, irgendeines anderen Lebenswertes, welcher hätte verfolgt werden können.

Jesus Christus verkörperte vollkommen die Einsichten, welche das Geheimnis des Opfers offenbaren. Er sah klarer als jeder andere Mensch, dass das Leben aller Menschen Beziehungen mit jedem einbezieht. Er wusste, dass das Leben selbst *Beziehung* ist, dass völlig isolierte Körper nicht leben können, dass der Grad der Isolation von Lebewesen dem Grad ihrer „Totheit" entspricht. Er sprach von den „Lebenden" und den „Toten", von denen, die das Bedürfnis nach Beziehungen schnell erkennen, und der „Totheit" derer, die die Beziehung zu ihren Mitmenschen verloren haben. Dann zeigte Er den Menschen, wie sie ihr Leben wiedererwecken können, zeigte ihnen, wie sie die Lebenskraft durch den opfernden Prozess des Aufgebens des Lebens zurückerhalten und es der Unendlichen Ursprungs-Macht, von der es rührt, zurückgeben.

Wenn wir uns gegen die realen oder eingebildeten Angriffe wehren, die andere Menschen gegen uns ausüben könnten, schließen wir uns aus der *Beziehung* mit ihnen aus. Aber wir schließen uns nicht nur aus der Beziehung mit dem unserer Annahme nach für uns Schädlichen aus, sondern auch von dem, was uns guttun könnte. Vermeiden wir das möglicherweise Unangenehme, so vermeiden wir auch mögliche Beziehungen des Glückes und Austausches von Ideen und Gefühlen, neuer Einsichten und Werte. Wir können eine Beziehung nicht aufgrund eines Problems aufgeben, ohne auch die zahllosen Vorteile aufzugeben, die sich aus dem Überwinden dieses Problems ergeben könnten.

Haben wir dies einmal verstanden, können wir weitergehend auch verstehen, dass sich alle Menschen mit den gleichen Schwierigkeiten plagen, mit denen auch wir ringen. Aufgrund unseres Erbes, aufgrund des vergangenen Leidens aller Mitglieder der

Menschheit, sind wir alle auf der Hut, alle gar zu bereit, uns gegen mögliche Schäden zu verteidigen.

Irgendwann in der menschlichen Geschichte muss diese selbstverteidigende Reaktion aufgegeben werden. Wir werden es wagen müssen, der ganzen Menschheit unsere Hand zu reichen, unsere Herzen und Geister einem jeden unserer Mitmenschen in Freundschaft zu öffnen. Die Alternative zu diesem wagemutigen Weg ist die endlose Fortsetzung eines Krieges der gegenseitigen Auslöschung. Es ist mit den uns verfügbaren nuklearen Waffen nicht unmöglich, die Menschheit völlig zu vernichten und somit die Welt anderen, weniger zerstörerischen Lebensformen zu überlassen. Es gibt einige Zyniker, die dies für höchstwahrscheinlich oder sogar für unausweichlich halten und der Durchführung dessen mit Freude entgegensehen, der Vernichtung der in sich selbst widersprüchlichsten Lebensform, die jemals auf Erden erschienen ist. Doch dies muss nicht so sein.

Jede neue Entdeckung, jede neue Erfindung, jede neue evolutionäre Erscheinung, die der Menschheit von Nutzen war, kam anfänglich durch ein einzelnes Individuum zustande, das einige der Implikationen seiner Beziehungen zu anderen Menschen in der Welt beobachtete. Anschließend wurden diese Beobachtungen einigen seiner Mitmenschen übermittelt. Danach arbeitete die ganze Gruppe zusammen, um weitere Implikationen dieser neuen Idee herauszuarbeiten und letztlich der wartenden Welt die Resultate ihrer kollektiven Anstrengung darzubringen.

Jesus Christus beobachtete die Welt, sah die universelle Furcht, die die Seelen und Geister der Menschen ergriffen hatte, diagnostizierte die Krankheit und verordnete das Heilmittel. Die Menschen strebten danach, ihr individuelles Leben zu erhalten, und verloren es in diesem Prozess. Furcht treibt die Liebe aus. Liebe ist die Essenz fruchtbarer menschlicher Beziehungen. Furcht isoliert; Liebe vereinigt. Aber wie könnte Liebe dies in einer Welt der Furcht tun? Die Furcht fürchtete sich sogar vor der Liebe, fürchtete sich vor ebenjener Macht, die allein sie heilen könnte. Daher musste sich die Liebe der Furcht opfern. Liebe musste an dem, was die Furcht am meisten fürchtete, sterben – dem Kreuz.

Nach Vollendung Seiner Analyse in Gethsemane setzte Jesus seinen Weg nach Golgatha entschlossen fort. Dort hing die Liebe, die verkörperte Liebe Gottes in Jesu Christi am von der Furcht verordneten Kreuz und vergab seinen Mördern: „Vater, vergib ihnen, denn sie wissen nicht, was sie tun."

In dieser Demonstration triumphierte die Liebe über die Furcht und den Tod. Menschen, die sich in ihren defensiven Reaktionen gerechtfertigt fühlten, würden ihre Position zu überdenken haben. Zweitausend Jahre würden sie in ihrem Geist unfähig sein, die Erinnerung an diese Opferfigur und die erste großartige, *bewusste* Selbstopferung eines Gott-Menschen für seine Mitmenschen abzuschütteln.

Wenn wir diese Demonstration der Liebe verstehen, können wir uns selbst mit unserer Liebe an unserem persönlichen Golgatha kreuzigen, am „Platz des Schädels", in unserem eigenen Gehirn und Geist, und dort dieselbe gewaltige Courage Jesu Christi erzeugen. Auch wir können die Furcht und den Tod in einem edlen Akt selbstopfernder Liebe überwinden. Wir können uns erlauben, attackiert und ans Kreuz unserer individuellen Existenz genagelt zu werden.

Auch wir können denjenigen vergeben, die gegen uns gehandelt haben, im Wissen, dass sie aus Furcht handelten, im Wissen, dass deren von Angst beschatteter Verstand sie zu unnötigen defensiven Handlungen zwingt, welche schnell zu aggressiven Handlungen werden. Wir können den endlosen, unprofitablen Krieg, den wir gegen sie geführt haben, aufgeben. Wir können ihnen zeigen, dass wenigstens wir dazu bereit sind, ihnen unser Herz zu öffnen und sie in Kommunion mit uns zu empfangen. Dann werden wir, mit unserem neuen Verständnis, fähig sein, uns selbst in unserem eigenen Wesen die wiederbelebende Macht der Liebe Christi zu demonstrieren.

Zwölftes Kapitel

Wir haben Furcht von Angst unterschieden, indem wir sagten, dass wir bei der Furcht eine rationale Definition von dem haben, was uns bedroht, und dass wir bei der Angst gewöhnlich keine klare Aussage darüber geben können, was uns das Gefühl eines drohenden Schadens vermittelt.

Angst ist stets zu einem gewissen Grad in lebenden Wesen gegenwärtig, da immer irgendeine Möglichkeit eines Schadens vorhanden ist. Aber wir müssen zwischen verschiedenen Arten des Schadens, physischem, psychologischem und spirituellem, unterscheiden. Ist nur physischer Schaden möglich, so ist es relativ leicht, sich darauf einzustellen. Wird aber psychologischer Schaden getan, so ist die Seele beteiligt und könnte ihre Position durch falsche Interpretation ihrer Lage verkomplizieren. Spiritueller Schaden ist eine Form des Schadens, die unsere Entscheidungsfreiheit reduziert und uns somit von unserer wahren Quelle in Gott entfremdet.

Der Mensch unterscheidet sich vom Tier, da der Mensch Fragen seines eigenen Ursprungs erwägen kann. Der Kampf ums reine Überleben kennzeichnet das tierische Leben. Das menschliche Leben unterscheidet sich davon im Ringen um die Erreichung eines Zustandes, in dem wir freie Entscheidungen treffen, welchen wir den spirituellen Zustand nennen. Im Grunde ist die menschliche Angst der Zustand der Erwartung des Verlustes der Entscheidungsfreiheit, der Freiheit, die ein Geschenk des Göttlichen Geistes („Spirits") ist.

Spirit impliziert die Freiheit der Wahl, und dies impliziert Selbst-Verantwortlichkeit und die „Selbst-Antwort-Fähigkeit" (self-responsibility and self-response-ability), also die Kapazität, auf jede Situation in der wir uns befinden mögen, adäquat zu antworten. Angst ist auf jeder Ebene der freien Existenz vorhanden, außer auf der höchsten, auf welcher wir eins mit dem Göttlichen Geist sind.

Überall sind wir von Kräften umgeben, welche dazu neigen, unsere Freiheit einzugrenzen, welche darauf zielen, unseren Glauben in die Möglichkeit der Freiheit zu zerstören. Nicht nur externe Organisationen tun dies; denn wir haben auch innere Feinde: Trägheiten, Vorlieben für Vergnügen etc. Überall finden wir mit verlockenden Ködern behangene Haken, die uns einfangen und uns unserer Freiheit berauben wollen. Androhungen von Schmerzen und Strafen neigen uns ebenso einzuschüchtern. Wir müssen lernen, zwischen verschiedenen Arten von Schäden zu unterscheiden. Der physische Körper könnte geschlagen werden oder seine Gliedmaßen könnten gebrochen werden, aber solche Schäden werden durch die natürlichen Abwehrkräfte des eigenen Körpers repariert, wenn wir die notwendigen Bedingungen dafür schaffen.

Der Seele größter Schaden würde die Zerstörung ihres eigenen Glaubens an ihre essentielle spirituelle Freiheit sein. Wenn eine Seele ihren Glauben an ihren spirituellen Ursprung verliert, ist die Bedeutung ihrer Existenz in Frage gestellt, denn dann verliert sie ihren Glauben an Ultimative Wahrheit, Schönheit und Güte und sieht diese lediglich als Fiktionen eines von Fantasien und Sentimentalitäten durchdrungenen Gehirns. Dann scheint es, dass Gott nicht existiert, dass die Welt eine Welt der Raubtiere und Beuteopfer ist, in welcher wir kämpfen, flüchten oder heucheln müssen, um unser Leben zu erhalten.

Um die Gesundheit von Körper, Seele und Geist (Spirit) zu erhalten, müssen wir einen unerschütterlichen Glauben haben. Dies kann nichts anderes sein, als die Idee, dass wir unser Wesen von der Einen Höchsten Schöpferischen Macht des Universums erhalten, der Macht, die wir Gott nennen. Die ganze Welt ist eine Manifestation dieser Macht. Unser eigenes Wesen ist ein Ausdruck dieser Macht. Wenn wir fühlen, denken oder handeln, ist es diese Macht, die in uns fühlt, denkt und handelt. Dies zu realisieren, heißt, die Angst zu überwinden.

Die Höchste, Unbegrenzte Macht, ist die Eine, welche Jesus „Unseren Vater" nennt, denn „Vater" bedeutet „Erzeugungskraft". Diese Macht ist höchst intelligent und hat einen Plan für die Menschen, einen Plan, jede menschliche Seele in das volle Gewahrsein kreativer Freiheit zu führen. Um diesen Plan zu erfüllen, platzierte Gott jede Seele in einen physischen Körper, denn nur in einem physischen Körper kann die Seele die Erfahrung der Bindung in der Gegenwart der Freiheit erlangen. In unserem physischen Körper erfahren wir, was

Bindung bedeutet, und mit dieser Erfahrung lernen wir allmählich, die Freiheit vorzuziehen. Doch bevor wir die Freiheit gewinnen können, müssen wir zuerst Selbstkontrolle erlangen.

Die getrennten Körper, in denen die Seelen leben und sich bewegen, können kollidieren, einander verletzen, und aufgrund dieser Tatsache lernen die Seelen, sich zu kontrollieren. Die Furcht vor Verletzungen, die Angst in der Gegenwart unbekannter Möglichkeiten von Schäden, erwecken die Seele zu den Möglichkeiten der Freiheit. In einer Welt, in der Schaden unmöglich wäre, würden Seelen keine Furcht haben und somit keinen Grund, sich in den Griff zu bekommen und Selbstkontrolle zu erlangen.

Der physische Körper ist ein relativ stabiles Bezugszentrum, ohne das sich die Seele sehr unsicher fühlen würde. Dies ist der Schlüssel zum Verständnis der Inkarnation Christi. Göttliche Macht hat sich in physischen Körpern als menschliche Seelen verkörpert und drängt diese Seelen ihrem ultimativen Ziel entgegen, der Verwirklichung der Freiheit Gottes innerhalb der relativ unfreien Sphäre des menschlich existierenden Selbst.

Die menschliche Seele ist Teil der göttlichen Macht, welche Gott ist, und wird langsam zur Verwirklichung dieses Faktes geführt. Um dies zu verwirklichen, muss die Seele einen Zyklus von Erfahrungen innerhalb eines physischen Körpers durchlaufen, da dies der Seele genügend Stabilität gibt, die Erforschung ihrer eigenen Natur als spirituelles Wesen zu ermöglichen. Ohne einen Körper als zentrale Referenz würde sich die Seele in einem Zustand fortwährender Angst darüber befinden, ob sie die Bedingungen freier Existenz erlangen kann oder nicht.

Die Seele hat eine zweifache Angst; 1. die Bedingungen einer realen Existenz nicht erlangen zu können; 2. dass sie, falls sie eine Existenz erlangt, dies auf eine fehlerhafte Weise tut. Wenn eine Seele, die noch keinen Körper erlangt hat, fühlt, sie könnte niemals einen erlangen, empfindet sie schreckliche Verzweiflung. Wenn die Seele in einen Körper eingetreten ist und den Weg der Selbstentwicklung begonnen hat, befindet sie sich in einem Zustand der Angst davor, dass sie ihr letztliches Ziel nicht erreichen könnte. Doch es gibt einen Weg der Erlösung von beiden diesen Formen der Verzweiflung, denn Jesu

Christi hat diese Schlacht geschlagen und gewonnen und hat so der Menschheit die Möglichkeit der völligen Selbstrealisierung aufgezeigt. „Christi mein Anker" ist die Idee, die die menschliche Seele rettet. Was Christus tat, können auch wir tun, wenn wir Seinem Beispiel folgen.

Das Universum ist eine Manifestation eines unbegrenzten Ozeans Göttlicher Macht. Für die unerleuchtete Seele ist dieser Ozean ein riesiger See der Angst, in dem die Seele schwimmt und untergehen und ertrinken könnte. Diese Angst der Seele ist ein Produkt der Unentschlossenheit, des sich Nicht-Ergebens an den Weg, dem zu folgen der Menschheit bestimmt ist. Der Moment, in dem wir voll und ganz die Entscheidung treffen, dem Beispiel Jesu Christi zu folgen, ist der Moment, in dem die Angst von der Seele abfällt.

Es ist wahr, dass unser physischer Körper erschaudern könnte vor dem Gedanken möglicher Schmerzen oder Leiden, die er vielleicht durchstehen muss, doch die Seele, obwohl sie diese Schmerzen fühlt, versteht deren Grund, und fällt nicht der Identifikation mit diesen anheim. Die Seele versteht, dass es ohne Schmerzen kein klares Selbstgewahrsein geben würde. Sie weiß, dass es vor dem ersten erlittenen Schmerz kein klares Bewusstsein des Selbst gab. Auch weiß sie, dass, wenn wirkliches Selbst-Bewusstsein erlangt und gesichert worden ist, keine weitere Notwendigkeit für das Durchstehen der Leiden besteht, die diese Errungenschaft möglich gemacht haben. „Wir bringen Opfer, doch nicht für immer." Ist das endgültige Ziel persönlicher Selbstintegration erreicht, „wird Gott alle Tränen von Deinen Augen wischen".

Das Selbstgewahrsein, durch das Durchstehen verschiedener Leiden erlangt, beginnt den neuen Abschnitt, in welchem sich die Seele selbst, bewusst und willentlich eine einzigartige Individualität mit vollständig entwickelten Talenten erschafft, um den Gott zu entzücken, der der Seele Ursache ist. Jedes Leiden, das positiv in der in Christi verankerten Seele durchstanden wird, platziert eine neue Facette am spirituellen Körper der Seele und bricht das Eine Göttliche Licht auf eine neue Weise. Der vollendete spirituelle Körper der Seele, der Jerusalemsche Körper, gleicht einem facettenreichen Diamanten, der das Eine Höchste Weiße Licht in allen Farben des Regenbogens zeigt, zur Ehre und Herrlichkeit unseres Göttlichen Ursprunges.

Die menschliche Seele ist eine Kraft, eine Energie, und Energie kann nicht ausgelöscht werden. Sie kann ihre Form während der Evolution von niedrigeren zu höheren Zuständen ändern, aber als Kraft kann sie nicht aufhören zu sein. Was wir als menschliche Seelen sind, sind wir in Ewigkeit. Was wir brauchen, ist die Entwicklung und der Ausbau der Talente, die in der Tatsache liegt, dass wir in Essenz *Kraft/Energie* sind. Diese Kraft ist „Unser Himmlischer Vater". Nichts kann uns jemals von dieser Kraft trennen. Zu glauben, dass wir von dieser Kraft getrennt sein können, heißt im Irrtum zu sein. Zu wissen, dass uns nichts jemals von dieser Kraft trennen kann, dieser *Liebe* Gottes (denn Liebe ist Kraft), heißt absolut sicher zu sein. Haben wir dies völlig verstanden, fällt die Angst von uns ab.

Gott, die höchste unbegrenzte Macht (Kraft), die Ursache aller Dinge und unserer eigenen Seele, hat ein Ziel für Seine Schöpfung, und speziell für die Menschheit. Wir werden langsam, doch unaufhaltsam zur Erreichung perfekter Freiheit, zu intelligenter Kreativität geführt.

Wir sind dafür geschaffen und entwickelt, an der kreativen Aktivität des göttlichen Geistes (Spirits) teilzuhaben. Um den höchsten uns bestimmten Zustand unseres Wesens zu erreichen, müssen wir durch das „Tal der Schatten des Todes" gehen; wir müssen solche Erfahrungen erleiden, die uns in die Position versetzen, für uns selbst *wählen* zu müssen, was wir werden wollen. Nur durch unsere eigene Wahl unseres Selbsts können wir die Art von Wesen werden, welches nach dem Willen Gottes für uns bestimmt ist. Er hat uns die Freiheit der Wahl gegeben, sodass wir selbst unser eigenes Wesen wählen können und nicht von dem, was wir werden, sagen können, es sei uns von einer anderen Kraft aufgezwungen worden als unserem eigenen Willen.

Wenn wir letzten Endes, durch unsere eigene Wahl, werden, was wir werden, sollen wir nicht fähig sein zu sagen: „Ich mag meinen Charakter nicht, ich mag mein Wesen nicht, doch Gott hat es mir aufgezwungen, oder das Schicksal hat mich heimgesucht, oder die Vorsehung hat mir bestimmt, zu werden, wie ich bin." Nein. Wenn wir werden, was wir letzten Endes werden, sind wir so, weil allein wir gewählt haben, so zu sein. Und in dieser Tatsache liegt unsere größte Gefahr, aber auch unsere höchste Ehre.

Es gibt kein höheres Wesen, als eines, das *für sich selbst gewählt* hat, ein Instrument der Ewigen Wahrheit zu sein. Gott ist Gott und unserer Verehrung wert, eben weil Er *für sich Selbst wählte*, in Seine Schöpfung einzutreten, und sich Selbst in der menschlichen Form Jesu Christi verkörperte, um der Menschheit den Weg zur Freiheit zu demonstrieren, den Weg des Selbst-Wählens, die Methode, den Charakter zu wählen, den man für sich will, das Wesen, das man *ewig* sein will. Denn wenn letztendlich alle *grundlegenden* Wahlen darüber getroffen worden sind, welchen Charakter wir für uns selbst wollen, über die Art und Weise des Lebens, nach der wir unsere Beziehungen miteinander und mit Jesus Christus und Gott ausrichten wollen, dann sollen wir in Ewigkeit diese Form des Wesens haben, mit welcher wir leben werden müssen.

Die Urangst, die wir in uns erfahren, ist das Resultat dieses tiefen Wissens, das wir uns durch unser eigenes Wählen selbst gestalten, und nicht durch Schicksal oder Vorsehung oder Zufall oder den starren Befehlen Gottes. Was wir werden sollen, ist das, was wir durch unsere eigenen Wahlen *selbst zu sein gewollt haben*. Und dafür gab uns Gott, während Er uns die Freiheit ließ, uns zu gestalten, durch Seine Inkarnation in Jesu Christi die Demonstration der Gnade, verbunden mit dem unbeugsamen Willen, uns das denkbar beste Beispiel zu geben.

Gott, wie Er in Sich ist, ist für unsere natürlichen Augen unsichtbar, doch durch Seine Inkarnation in Jesu Christi hat Er den Anker von der Ewigkeit in die Zeit herabgelassen, an welchem festhaltend wir nicht verloren gehen, sondern letztendlich das Wesen werden, welches zu sein sowohl Gott als auch uns selbst glücklich machen wird.

Ende

www.ingramcontent.com/pod-product-compliance
Lightning Source LLC
Chambersburg PA
CBHW071317080526
44587CB00018B/3254